메뉴판
해석학

메뉴판 해석학 - 일본 편

초판 1쇄 발행 2025년 5월 19일
초판 2쇄 발행 2025년 6월 9일

지은이 배상준
펴낸이 이범상
펴낸곳 (주)비전비엔피 · 애플북스

책임편집 한윤지
기획편집 차재호 김승희 김혜경 박성아 신은정
디자인 김혜림 이민선 인주영
마케팅 이성호 이병준 문세희 이유빈
전자책 김희정 안상희 김낙기
관리 이다정
인쇄 위프린팅

주소 우)04034 서울시 마포구 잔다리로7길 12 (서교동)
전화 02)338-2411 | **팩스** 02)338-2413
홈페이지 www.visionbp.co.kr
인스타그램 www.instagram.com/visionbnp
이메일 visioncorea@naver.com
원고투고 editor@visionbp.co.kr

등록번호 제313-2007-000012호

ISBN 979-11-92641-90-4 03910

메뉴판 해석학

낭만닥터SJ의 美친 味식 여행기

배상준 지음

일본 편

추천사

메뉴판 해석학이 필요한 이유

나는 심리학으로 박사학위를 받느라 13년을 독일에서 공부했습니다. 그러나 고급 독일 식당의 메뉴판에 적힌 음식 설명은 거의 이해하지 못합니다. 수십 편의 독일어 논문을 썼지만, 내 독어 수준으로 메뉴판을 완벽하게 이해하는 것은 불가능합니다. 나는 또 일본에서 4년간 미술 공부를 했습니다. 아, 그러나 일본 식당의 메뉴판을 마주하면 거의 절망입니다. 독일 식당의 메뉴판보다 더 장황합니다. 붓글씨로 한껏 멋을 낸, 도무지 해독할 수 없는 메뉴판을 대하면 그저 매번 "오수수메 오네가이시마스(おすすめお願いします, 추천 부탁드립니다)"입니다. 음식 사진이 있는 메뉴판을 내놓은 식당은 뜨내기 관광객들을 위한 곳입니다. 고급 식당에는 음식 사진이 없습니다. 메뉴판은 그냥 음식을 선택하라고 내놓은 음식 리스트가 아니기 때문입니다.

서구의 메뉴판이 그렇게 복잡해진 이유는 개인의 선택권과 자율성을 보장하기 위해서입니다. 식당은 돈을 지불하는 고객이 자신의 취향, 기호에 따라 합리적인 선택을 할 수 있도록, 가능한 한 완벽한 정보를 제공해야 합니다. 서구 근대의 '개인'이란 '주어진 정보에 기반해 이성적 선택을 하는 주체'입니다. 따라서 가장 중요한 먹거리에 관한 정보는 아무리 자세히 제공해도 지나치지 않습니다. ('~해도 지나치지 않다'는 서양어 표현은 이런 맥락에서 쓰는 것입니다.)

자세한 메뉴판은 '미식 문화'의 표현입니다. 음식의 기원과 스토리텔링에 기반한 미식 문화가 시작된 것은 프랑스 절대왕정기 때입니다. 미식은 귀족 계급을 드러내기 위한 '계층성'의 표현이었습니다. 왕정이 무너지고 근대시민사회가 시작되면서 레스토랑이 확산됩니다. 갑자기 갈 곳 없어진 궁정의 요리사들이 식당을 차린 것이 시작이었습니다. 이때부터 레스토랑을 찾는 미식 문화는 부르주아 계층의 문화자본이 됩니다. '가스트로노미(gastronomy)'는 단순한 요리가 아니라 지적, 미적 성찰의 대상이자 계급적 속성을 지닌 개인적 취향의 표현이 됩니다.

아시아 국가 중에서 서구를 가장 빨리 흉내 낸 일본 식당의 메뉴판은 서구보다 더 자세히 발전합니다. 서구보다 더 서구적인 메뉴판을 갖게 된 것이지요. 아울러 서양인들의 호기심을 자극하는 일본적 특징을 아주 자세하게 포장합니다. '옥시덴탈리즘(Occidentalism)'과 '자발적 오리엔탈리즘(Voluntary Orientalism)'의 혼합입니다. 일본의 메뉴판이 서구의 메뉴판보다 더 장황해진 이유는 유난히 디테일에 집착하는 일본 사회의 경향 때문입니다.

사계절에 따라 음식이 달라지고, 음식이 달라지면 이를 담는 그릇도 바뀌어야 하고, 곁에 얹는 장식도 변합니다. 같은 재료라도 조립, 산지, 숙성 상태를 아주 세밀하게 구분합니다. (이를 이어령 선생님은 '축소지향'이라고 정의했습니다) 이러한 음식 디테일이 서양 메뉴판을 만나니 아주 신이 난 겁니다. 서구의 가스트로노미가 일본 방식으로 번역되어 재탄생 한 것이지요. 여기에 소비자를 대하는 일본식 친절함(이를 일본인들은 '오모테나시(おもてなし)'라고 합니다)까지 더해지니 메뉴판이 그토록 복잡해진 것입니다.

그래서 《메뉴판 해석학》입니다.

'낭만닥터 배상준'을 따라 홋카이도 음식 여행을 한 적이 있습니다. 배 닥터가 메뉴판의 아주 사소한 단어를 끄집어내어 해당 단어의 발생학적, 인류학적, 역사학적 맥락을 설명할 때마다 넋을 놓고 들었습니다. 어설픈 일본 여행 안내서를 베낀 설명이 아니었습니다. 본인이 직접 경험하고, 찾고, 이해한 심도 깊은 인문학적 안내였습니다. 수시로 곁들이는 그의 뜬금없는 유머에 당황하기는 했지만, 그의 인식론적 통찰에 대한 감동을 저해할 정도는 아니었습니다. 요즘은 배 닥터가 여행 갈 때마다 따라다니는 중입니다.

60대 중반에 가깝도록 '먹고 마시는 여행'이 이렇게 흥미롭고 재미있는 줄 몰랐습니다. 아, 모름지기 여행이란 이렇게 '메뉴판을 해석하며 다니는 것'이었습니다. '먹는 것이 그냥 먹는 것이 아닌, 가장 즐거운 공부'인 것을 평생 공부만 한 내가 이제야 깨닫게 됐습니다. 유명 관광지에서 죽어라 사진 찍고(그 사진의 대부분은 평생 다시 볼 일 없습니다), 골프나 치며 정신없이 다니는 여행은 이제 그만해야 합니다.

그래서 배 닥터의 《메뉴판 해석학 – 일본 편》을 적극 추천합니다. '제대로 음식 먹는 법'을 깨닫게 해주기 때문입니다. 배 닥터에게 앞으로 '메뉴판 해석학 – 중국 편', '메뉴판 해석학 – 프랑스 편' 등등을 계속 써야 한다고 설득하는 중입니다. 머리와 입이 즐거워지는, 정말 '좋은 책'을 추천하게 되어 아주 행복합니다.

김정운, 문화심리학자, 《창조적 시선》 저자

도대체 왜. 머리말을 읽지 않는 건가요!!!

머리말은 작가가 책에서 전달하고 싶은 것을 압축해서 적어 놓은 순두부찌개의 계란같은 존재입니다. 막 나온 순두부찌개 한 숟가락 떠서 후우, 스읍 소리를 내며 맛을 봅니다. '음, 오늘 메뉴 선택 좋았어.' 만족스러운 표정을 지으며 밥을 뜨는 순간 내 순두부찌개가 무방비 상태임을 확인한 앞사람이 내 수란을 덜렁 뺏어 먹는 수모를 겪어본 적 있습니까? 순두부찌개를 주문한 이유가 사라진 겁니다. 순두부찌개의 본질은 순두부, 하지만 반쯤 익은 걸쭉한 노른자를 호로록 삼켜야 제대로 먹기 시작한 느낌이 드는 것처럼 주문한 책을 펼쳐 머리말 한 숟가락 떠서 읽어야 그 책을 제대로 읽기 시작했다는 뇌의 만족감이 생기는 것입니다.

제 책의 머리말을 읽으며 순두부찌개의 노른자를 떠먹는 즐거운 장면을 상상할 수 있다면 저자로서 더할 나위 없이 즐거운 일입니다. 주의 사항, 식으면 맛이 없습니다. 부디 머리말을 읽고 내친김에 본문을 쭉 읽어 넘기길 바랍니다. 본문 삼매경에 빠져 다음날 지각하는 일이 생긴다면 기꺼이 제 메일로 항의하셔도 좋습니다. "당신 책 때문에 일본 가서 먹고 마시느라 빚만 1억 생겨 이혼당했어. 소개팅이라도 시켜줘." "수능 전날 아저씨 책 읽느라 시험 망쳐 재수해요. 학원 등록비 내주세요." 이런 항의성 메일이 쏟아지는 말도 안 되는 즐거운 상상을 해봅니다. 어차피 여행은 즐거운 상상이니까요. 제 머리말을 한 문장으로 압축하면 다음과 같습니다.

"그 나라 말을 몰라도 메뉴판만 읽을 수 있으면 OK."
"메뉴판을 읽을 수 있으면 여행이 5배 즐거워진다."

저는 일본어를 거의 모릅니다. 고등학교 때 제2외국어 수업 시간에 배웠던 일본어 덕분에 일본 글자(히라가나, 가타카나)를 더듬더듬 읽을 수 있을 뿐, 스미마셍, 아리가또 고자이마스같은 인사말을 겨우 알아듣는 정도입니다. 그런데 제 지인들은 일본어 글자를 겨우 읽는 수준의 저와 일본 여행하는 걸 좋아합니다. 일본어 회화가 불가능해도 일본어 메뉴판을 읽고 일본 요리와 술을 편하게 주문해 먹고 마실 수 있기 때문입니다.

어느 날 갑자기 이렇게 된 건 아니고 아주 오래 전 한 사건 이후입니다.

2010년, 대략 15년 전입니다. 대학 동기 셋이 술 마시다 덜커덕 아이들 데리고 도쿄 디즈니랜드에 가자고 작전을 짰습니다. 아빠 셋, 아이 셋이라는 흔치 않은 조합으로 도쿄에 도착, 디즈니랜드에 입장하였습니다. 놀이기구 앞에 줄을 선 저희에게 안내하는 직원이 "난넨사마데스까?(몇 명입니까?)"라고 물었는데 제 귀에 하필 그 말이 들어온 겁니다. 친구들과 아이들에게 일본어 좀 하는 척하고 싶어졌습니다. 아주 자신 있는 표정으로 "로쿠징(6명)"이라고 말했습니다. 미간을 살짝 찡그리며 "뭐, 누구나 이 정도 일본어는 할 줄 알잖아?"하는 표정이었을 겁니다.

안내 직원은 제가 일본어를 잘 안다고 생각했는지 "직원 지시에 잘 따라 주시고요. 내리실 땐 오른쪽 앞쪽이 출구입니다. 안전바 내려갈 때 잘 잡으시고 어지럽거나 어쩌고저쩌고"를 빠른 일본어로 저희 일행에게 설명했습니다. 당연히 한 마디도 알아듣지 못했습니다. 멀뚱멀뚱 서 있었는데 상황을 알아차린 대학 동기 박대영과 김정곤이 제게 화를 냈습니다. "야 임마, 네가 일본어 잘하는 척해서 결국 아무도 못 알아들었잖아!" 심지어 그때 난넨사마데스까는 난메이사마데스까(何名さまですか)였고, 로쿠징이라 대답했던 제 대답은 로쿠닝(6人)이 맞았었지요. 그 사건 이후 저는 다시는 일본어 잘하는 척하지 않겠다고 결심했습니다.

귀국해서 곰곰이 생각해 보았습니다. '내가 일본어를 어설프게 해보았자 상대방이 하는 말을 정확히 알아들을 수 없다면 차라리 못하는 척하는 것이 좋겠는데?', '일본어 몇 마디 떠들어봤자 일행들이 나를 멋지다 생각하지 않아.'라는 합리적인 생각을 하게 되었습니다. 2가지 선택이 있었습니다.

1. 일본어 회화 공부를 열심히 해서 일본어를 유창하게 하는 것.
2. 회화 공부는 포기하고 명사만 외우는 것.

대부분은 1번을 선택할 것입니다. 일본어는 우리말과 어순이 같아서 배우기 쉽다던데? 조금만 공부하면 일본 여행이 즐거워질 것 같습니다. 검색해 보니 '한 달 만에 마스터하는', '한 권으로 끝내는', '하루 10분만 투자하면' 이런 제목의 책들만 눈에 들어옵니다. 한 달 공부하면 될 것 같은 생각이 들어 당장 주문해 보지만 한 달 뒤, 책이 어디 꽂혀 있는지도 잊어버리게 되고 책을 샀는지조차 잊어버리게 되죠. 고딩 시절 영어 공부 열심히 하지 않았던 사람이 일본 여행 재미있게 다니려고 일본어 회화책 사서 공부 열심히 할 가능성은 15.6% 미만입니다. 뭐, 저도 할 말 없긴 합니다. 10년 전 태국 골프 여행 다녀온 후 태국어 회화책 사서 3줄도 읽지 않았으니까요. 이 글을 쓰면서 책꽂이를 보니 스페인어 첫걸음, 중국어 기초 회화 등등 보지도 않을 거면서 왜 책을 왜 사댔는지 모르겠습니다.

어쨌건, 수많은 시행착오 끝에 저는 2번을 선택했습니다. 다들 본업이 있는데 시간 빼서 회화 공부하는 것 쉽지 않습니다. 일본 미녀와 다음 달부터 사귄다면 시키지 않아도 누구나 하루 20시간씩 일본어 회화 연습을 할 것입니다만 일본 미녀는 다음 생에 고려해 보는 걸로. 회화 공부는 포기, 명사만 외우는 게 현실적입니다.

"명사만 외우면 일본어 몰라도 일본에서 즐겁게 먹고 마실 수 있나요?"

이 책을 쓴 목적입니다. 단, 히라가나, 가타카나를 읽을 줄은 알아야 합니다. 명사를 외우면 일본어로 된 메뉴판을 읽을 수 있게 됩니다. 메뉴판에 적힌 음식 이름이 다 명사니까요. 일본어를 몰라도 메뉴판을 읽을 수 있으면 여행이 훨씬 즐거워집니다.

또 10년 전쯤의 일입니다. 자꾸 옛날이야기 하면 옛날 사람인데 그러려니 하십시오. 오사카에 갔습니다. 일본식 꼬치구이, 야키토리 파는 술집에 들어갔습니다. 일반적으로 한국어 메뉴판이 있거나, 음식 사진이 있어서 주문하는 데 큰 어려움이 없습니다만, 하필 들어간 가게가 일본어 메뉴판만 있는 집이었습니다. 메뉴판엔 붓글씨체로 갈겨 적은 일본어와 한자가 보였고 글자를 읽을 수 있는 저도 갈겨 쓴 메뉴판을 도저히 읽을 수 없었습니다. 겸연쩍은 표정을 지으며 "오마카세"라고 종업원에게 외쳤습니다. 오마카세란 주방장이 주는 대로 먹겠다는 뜻입니다. 우리말 '맡기세'와 비슷한 발음이라 외우기 쉽습니다. 물론 오마카세와 맡기세의 연관성은 없습니다. 연상법일 뿐입니다. 오마카세라는 말을 들은 종업원은 제 의도를 알아채고 맛있는 꼬치구이를 내어 주었습니다.

일본에 다녀오면 뭘 생각할 것, 반성할 것이 많은지 모르겠습니다만 또 귀국해서 생각해 보았습니다. 닭의 부위를 일본어와 한자로 외워 두면 일본 어디 술집에 가도 내가 원하는 대로 야키토리를 주문할 수 있을 것 같다는 생각이 들었습니다. 야키토리 이름 20개 정도 외웠던 것 같습니다. 외우고 나니 언젠가부터 일본 술집에서 한국어 메뉴판 없어도 야키토리를 편하게 주문해 먹을 수 있게 되었습니다. 명사 몇 개 외웠을 뿐인데 일본 여행이 그만큼 즐거워진 것입니다.

스시 이름도 마찬가지입니다. 생선의 일본어 이름과 한자를 20개 정도 외우면 일본 초밥집에 가서 편하게 주문할 수 있습니다. 우동, 소바 이름도 외워 두면 편합니다. 음식 이름을 외우는 것, 어렵지 않습니다. 일본어 회화를 불편하지 않게 하는 것보다 10분의 1 정도의 노력만 하면 됩니다. 대부분 '식재료명 + 조리법' 혹은 '조리법 + 식재료명'으로 구성되어 있습니다. 우리가 먹는 식재료는 의외로 다양하지 않습니다. 고기를 예로 들면 소, 돼지, 닭, 양, 아주 드물게 말고기 정도 먹지 호랑이, 기니피그, 얼룩말, 악어를 먹고 살진 않습니다. 즉 소, 돼지, 닭, 양, 말의 일본어를 알면 OK, 굳이 일본 초등학생용 동물원 책을 츠타야 서점에서 구입하여 포유류, 조류, 설치류 이름을 모두 일본어로 외울 필요 전혀 없다는 겁니다. 이 책 중간중간 조리법 이름과 식재료 이름을 언급할 예정입니다. 술술 읽다 보면 저절로 외워질 것이라 확신합니다.

이 책은 학위 논문이 아닌 읽기 쉬운 술-음식 여행 서적입니다. 일반적으로 책에서 중복되는 내용이 있으면 '언급하였듯'이라는 단어를 붙이거나 아예 중복되는 내용을 편집 과정에서 삭제합니다만 여러 번 나오면 내용을 외우기 쉬울 것 같아 의도적으로 2번, 3번 중복되는 내용 편집하지 않았습니다. 책의 완성도가 낮아 격 떨어진다고 오해하지 않으면 좋겠습니다. 그리고 전 '언급하였듯', '서술하였듯' 같은 단어를 썩 좋아하지도 않습니다.

2025년 4월,

낭덕SJ 배상준

목 차

제1장

일본어 조리법 외우기 - 가이세키 메뉴판 마스터

일본어,
읽을 줄은 알아야지?

あ(ア)	か(カ)	さ(サ)	た(タ)	な(ナ)	は(ハ)	ま(マ)	や(ヤ)	ら(ラ)	わ(ワ)
a	ka	sa	ta	na	ha	ma	ya	ra	wa
い(イ)	き(キ)	し(シ)	ち(チ)	に(ニ)	ひ(ヒ)	み(ミ)		り(リ)	
i	ki	si	chi	ni	hi	mi		ri	
う(ウ)	く(ク)	す(ス)	つ(ツ)	ぬ(ヌ)	ふ(フ)	む(ム)	ゆ(ユ)	る(ル)	
u	ku	su	tsu	nu	hu	mu	yu	ru	
え(エ)	け(ケ)	せ(セ)	て(テ)	ね(ネ)	へ(ヘ)	め(メ)		れ(レ)	を(ヲ)
e	ke	se	te	ne	he	me		re	wo
お(オ)	こ(コ)	そ(ソ)	と(ト)	の(ノ)	ほ(ホ)	も(モ)	よ(ヨ)	ろ(ロ)	ん(ン)
o	ko	so	to	no	ho	mo	yo	ro	n

일본의 사회 시스템은 우리와 비슷하기 때문에 일본어를 몰라도 여행할 수 있습니다. 일본어를 전혀 하지 못하는 2002년생 배건회 군도 보름 동안 후쿠오카에서 삿포로까지 불편하지 않게 기차 타고 이동하며 먹고 보고 다녔을 정도입니다. 일본어를 못하더라도 괜찮 습니다만, 글자 정도는 읽을 수 있는 것과 까막눈 상태는 즐거움의 차이가 있습니다. "구글 번역기 있는데 뭐가 문제야?"라고 생각할 수 있습니다. 하지만,

노미호다이, 야키토리, 라멘을 읽을 줄 알아야 먹고 싶은 가게에 들어갈 수 있음

간판을 읽을 수 있어야 라멘을 먹든 야키토리를 먹든 골라 들어 갈 수 있습니다. 그래서 일본어를 읽을 정도는 되어야 합니다. 저도 일본어를 겨우 읽을 수 있었던 시절엔 가타카나와 히라가나를 커닝 페이퍼처럼 깨알같이 적어 지갑에 넣고 다니곤 했습니다. 외우는 건 알아서. '헷갈리는 글자들 암기법'을 검색하면 웃기게 외우는 방 법이 많이 나옵니다만 그거 소개하면 누군가 나타나 "왜 내가 개발

간판에 적힌 세루후(セルフ)는
셀프(self)로, f와 p를 구별하여
フ로 표기함

한 암기법을 당신 책에 소개하니? 인세 절반 내놔."라고 할 것 같아 각자 알아서 외우는 걸로. 대신 2가지만 소개하겠습니다.

우리는 외래어를 표기할 때 F와 P, V와 B를 구별하지 않습니다만 일본에선 구별하여 표기하곤 합니다.

パピプペポ (파피푸페포), ファ/フィ/フ/フェ/フォ (FaFiFuFeFo)
バビブベボ (바비부베보), ヴァ/ヴィ/ヴ/ヴェ/ヴォ (VaViVuVeVo)

예를 들자면

포크(ポーク)는 돼지고기 pork, 포크(フォーク)는 음식 먹는 fork입니다.

화이또(ホワイト)는 white, 화이또(ファイト)는 fight입니다.

그들이 F와 P, V와 B를 반드시 구별하여 표기하는 것은 아닙니다만 디저트 가게나 프렌치 레스토랑에 가면 메뉴판에 외국 음식들이 적혀 있으므로 F, V 표기법으로 적힌 것을 종종 볼 수 있습니다. 도쿄에서 가장 유명하고 비싼 디저트 가게 센베키아의 메뉴판에도

포크가츠레츠(ポークカツレツ)는 포크(フォーク)와 나이프(ナイフ)로 먹음

스트로베리 페어(ストロベリー フェア)

머스크메론 파르페(マスクメロン パフェ)라 적혀 있고

홋카이도의 한 프렌치 레스토랑의 코코뱅(coq au vin) 요리도

coq au vin (コッコーヴァン) 이라 적혀 있습니다. "도대체 먼 말이

야?"라고 의아해하지 마시라고 소개해 보았습니다. "배씨 아저씨

당신은 일본어를 잘합니까?"라고 흔히 물어봅니다. 제 대답은 다음

Plat
コック・オー・ヴァン
(知床鶏の赤ワイン煮込み)
Dessert
ガトー・マルジョレーヌ
洋梨のソルベ

코코뱅의 뱅(vin)도 v와 b를 구별
하여 ヴァン으로 표기함

과 같습니다.

"글자만 겨우 읽을 줄 알아서 메뉴판이랑 간판만 보고 다닙
니다."

자, 그럼 맥잔잔을 위한 다음 여행을 떠나 봅니다. 맥잔잔은 오
타 아닙니다. 어감이 좋아 제가 자주 쓰는 단어입니다. 맥잔잔, 소
잔잔, 하이보란잔, 와이난잔, 기분이 좋아지는 단어들입니다.

우선 맥잔잔 –
토리아에즈, 나마비루 잇빠이!

토리아에즈, 나마비루 잇빠이(とりあえず, 生ビール いっぱい)

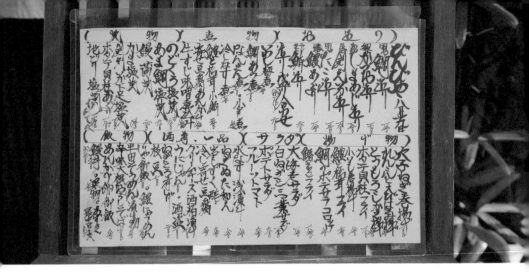

갈겨 쓴 일본어 메뉴판. 일본어를 알아도 읽기 어렵다

우선(토리아에즈), 생맥주(나마비루) 한 잔(잇빠이)입니다. 잇빠이 뒤에 구다사이(주세요), 오네가이시마스(부탁합니다)를 붙여도 되지만 '못하는 척하는 게 차라리 낫다'라는 나름의 원칙이 있어 저는 외국어를 말할 때 동사, 형용사, 부사를 쓰지 않으려 노력합니다. "오네가이시마스를 붙이지 않으면 건방져 보일 수 있지 않아?" 걱정하지 않으셔도 됩니다. 외국인이 웃으며 어설픈 일본어로 이야기하는데 무례하다고 오해하진 않을 겁니다.

뭐 좀 먹으러 일본 식당에 들어갔습니다. 메뉴판을 주는데 당연히 눈에 들어오지 않습니다. 차라리 수능 영어 문제를 푸는 게 쉽다는 의견도 있습니다. 인쇄된 종이에 컴퓨터 글씨체로 또박또박 적힌 메뉴판 글씨는 그나마 읽기 편한데 많은 일본 술집 메뉴판엔 붓으로 갈겨 쓴 글씨체로 적혀 있어 읽고 고를 때까지 시간이 걸립니다. 종업원에게 죠또마떼(잠시만요)라 말하고 메뉴를 천천히 살피는데 메뉴만 살피는 게 아니라 종업원 눈치까지 살피게 됩니다. 째깍 째깍 초시계 소리, 쿵쾅쿵쾅 심장 소리 등 환청이 들리기 시작합니다. 마음이 점점 불편해집니다. 이런 상황을 처음부터 만들지 않는 말이 "토리아에즈 나마비루 잇빠이"입니다.

일본에서만 해당하는 이야기는 아닙니다. 유럽이나 미국에서도 마찬가지입니다. "Would you like something to drink?"라고 했을 때 뭘 시키든 국물을 주는 한국 식당에 익숙한 우리는 "우선 맥 잔잔"에 인색하고 어색해합니다. 김밥천국에서 김밥 한 줄 시켜도 국물을 주고 길거리 포장마차에서 떡볶이에 순대를 먹을 땐 아예 종이컵으로 어묵 국물을 마음껏 떠 마시라고 주는데 당연히 어색할 수 있지요. 어색하겠지만 그래도 일본에 여행 왔으니 특히 이자카 야 같은 술집에 가면 종업원이 메뉴판을 놓자마자 토리아에즈 나마 비루 잇빠이(우선 맥잔잔), 토리아에즈 하이보루 잇빠이(우선 하이보란잔) 라고 주문해 보십시오. 마음이 편안해집니다. 그리고 먹고 싶은 메 뉴를 천천히 고르면 됩니다.

生ビール 一杯(나마비루 잇빠이, 생맥주 한 잔)
瓶ビール 一本(빙비루 입뽕, 병맥주 한 병)

맥잔잔 주문했으니 지금부터 본문 시작합니다.

일본어 조리법 외우기

가이세키 메뉴판 마스터

배고플 때 간단히 한 끼 때우는 용도로 먹는 가이세키

맥잔잔 홀짝거리며 메뉴판 공부를 시작해 보겠습니다. 우선 배고플 때 간단하게 한 끼 때울 수 있는 가이세키를 먹으러 먹자골목에 들어가 봅니다. 가이세키로 간단히 한 끼 때운다고요? 이런 허세스러운 사람 같으니라고. "당장 출판사 연락해서 당신 책 절판하라고 항의 전화할 거예요."라며 화내지 말아 주십시오. 농담입니다. 가이세키 요리는 간단한 한 끼 식사가 절대 아닙니다. 예약하고 방문해야 하는 일본의 고급 코스 요리입니다. 일 인당 10만 원 이상이고 식사 시간도 2시간은 족히 걸리는 정식 코스 요리입니다. 라멘, 우동, 스시 등 쉽게 먹을 수 있는 맛있는 음식도 많은데 굳이 한 끼 때운다고 가이세키 요리를 가장 먼저 소개하는 이유는 종이에 적힌 가이세키 요리 리스트에 일본 음식 조리법 이름이 많이 나와 있어 메뉴의 한자를 외워 두면 큰 도움이 되기 때문입니다.

일본 가이세키 요리 리스트: 거의 모든 조리법이 나와 있음

　　가이세키 요리는 다음 두 종류입니다. 会席(가이세키)와 茶懐石(차가이세키)입니다. 会席(가이세키)는 술을 즐기기 위한 요리, 茶懐石(차가이세키)는 차를 맛있게 마시기 위한 요리입니다. 두 음식의 목적은 각각 술과 차를 즐기는 것으로 서로 다릅니다만, 가이세키 요리는 차가이세키 요리의 영향을 받았기 때문에 식단 구성의 차이가 크지 않습니다. 밥과 국이 초반에 나오는지 마지막에 나오는지 등의 작은 차이가 있지만 요즘 손님들은 가이세키 파는 곳, 차가이세키 파는 곳을 엄격히 구별하여 찾아가지 않고 차가이세키 음식점에서도 차 대신 술을 파는 곳도 많으므로 "예전엔 약간 다른 스타일의 음식 세팅이었지만 지금은 큰 구별 없음."으로 이해하면 관광객으로서 충분합니다. 가이세키 요리 구성 중 회, 전채 요리, 식사에 대해서는 따로 설명하겠습니다. 여기선 모노(物) 접미사가 붙은 요리 제목만 소개하겠습니다.

조림 : 니모노(煮物, にもの)

찜 : 무시모노(蒸(し)物, むしもの)

구이 : 야키모노(焼(き)物, やきもの)

튀김 : 아게모노(揚(げ)物, あげもの)

전골 : 나베모노(鍋物, なべもの)

절임 : 즈케모노(漬物, つけもの), 코노모노(香の物, こうのもの)

무침 : 아에모노(和え物, あえもの)

국 : 스이모노(吸い物, すいもの), 시루모노(汁物, しるもの)

우선 '물(物)'에 대해 알아보겠습니다. 우리말로 사물, 물건을 뜻하는 단어입니다. 물(物)은 모자(帽子), 과자(菓子)에서의 자(子) 접미사와 비슷한 의미이기도 합니다. 조리법 명칭 뒤에 붙는 '물'은 물건이라는 의미보다 음식이라는 뜻이겠지요. 일본어 발음으로는 '모노'라고 합니다. 물-모노 모두 비슷한 발음이라 외우기 쉽습니다. 예를 들어 '무시(蒸し) + 모노(物) = 찐 음식', 즉 찜입니다.

한국, 중국, 일본의 조리법 한자엔 '불 화(火)' 부수를 많이 사용합니다. 불을 사용한 조리 방법이 많으니 당연하지요. 아시다시피 한자는 뜻글자 + 소리글자 조합이 많은데 조리법을 뜻하는 한자들은 '화(火) + 소리글자' 조합으로 이해하면 외우기 쉽습니다. 이제부터 가이세키 요리 리스트 중 모노(物) 접미사가 붙은 요리 이름들을 살펴보겠습니다.

조림 :
니모노(煮物, にもの)

일본어의 '조림'은 우리말로 '삶을 자(煮)'를 씁니다.

'불 화(火) + 사람 자(者) = 삶을 자(煮)', 불에 사람을 삶는다고 외우면 됩니다. 말도 안 되는 소리를! 하지만 원래 연상법은 말이 안 되게 외워야 평생 기억납니다. 일본에서는 삶을 자(煮)에 접미사 모노

(物)를 붙여 조림이라는 의미로 사용합니다. 간이 배도록 오래 삶으면 조림이 되니까요. 일본 조림, 니모노는 물에 손질한 재료를 넣고 간장, 설탕, 술, 미림, 된장 등을 첨가하여 식재료에 간이 배어들 수 있도록 충분히 삶아 만듭니다. 생선 조림, 무 조림 등 흔히 아는 조림 요리 이외에 니모노의 예로 다음과 같은 음식이 있습니다.

일본 오뎅도 니모노입니다. 주의 사항. 한국 오뎅(어묵)은 탕, 일본 오뎅은 탕이라기보다 조림에 가까운 음식입니다. 일본에서 오뎅 주문하고 "국물 좀 주세요."라고 하면 당연히 못 알아듣거나 못 알아들은 척할 것입니다. 제

일본 오뎅

주도 가서 갈치조림 시켰는데 빨간 양념 국물 더 달라고 하면 이상한 아저씨 취급 받는 것과 같습니다.

일본 뷔페나 이자카야의 흔한 니모노에는 니꼬미, 치쿠젠니 등이 있습니다.

니꼬미(煮込み, にこみ)는 크게 썬 재료를 약불에 충분히 익히는 요리입니다. 서양 음식 스튜(stew)를 생각하면 됩니다. 대표적인 니꼬미 요리로 니쿠자가, 규스지니꼬미, 가쿠니가 있습니다.

니쿠자가, 직역하면 '고기감자'

니쿠자가(肉じゃが), 직역하면 '고기감자'입니다. 소/돼지/닭고기를 감자, 양파, 당근과 함께 간장, 설탕 등으로 간을 한 육수에 천천히 익힌 음식입니다. 감자는 일본이 네덜란드와 교역하던 17세기 초, 네덜란드 식민지였던 인도네시아의 자카르타에서 전래되었습니다. '자카르타이모 > 자가이모'가 됐습니다. 니쿠자가는 호텔 아침 뷔페에서 흔히 볼 수 있는 음식입니다.

가쿠니(角煮)

호텔 조식 메뉴 중 가쿠니도 있습니다. 깍둑썰어(각지게 썰어, 角) 조린(煮) 음식이라는 뜻입니다. 주로 돼지고기를 사용하여 부타노가쿠니(豚の角煮)라고 합니다.

규스지니꼬미(牛すじにこみ)는 소(우, 牛)의 힘줄(스지)을 뭉근하게 졸여(니꼬미) 만든 음식입니다. 한국의 도가니 수육 비슷한 식감입니다. 힘줄 젤라틴의 쫀득한 식감이 과음을 부르는 나쁜 술안주입니

규스지니꼬미(牛すじにこみ)와 나고야 명물 도테니(どて煮)

다. 소 힘줄 대신 소나 돼지의 내장을 된장에 푹 고아 만든 도테니 (どて煮)도 있습니다. 나고야에 가면 웬만한 음식점에서 먹을 수 있 는 메뉴입니다. 나고야 된장의 짠맛과 재료의 쫀득함 덕분에 과음 하게 되는 더 나쁜 술안주입니다.

치쿠젠니(筑前煮)는 후쿠오카 지역의 흔한 가정식 요리입니다. 연 한 '닭고기 뿌리채소 간장 조림'입니다. 후쿠오카 지역뿐 아니라 일 본 다른 지역의 이자카야와 호텔 아침 뷔페에서 자주 볼 수 있는 음 식으로 당근, 우엉, 연근, 토란 등 뿌리채소의 뭉근한 식감과 곤약 의 쫀득한 식감이 훌륭한 음식입니다. 뿌리채소, 닭고기가 들어 있 고 비교적 담백한 맛이라 건강한 음식이라는 느낌이 드는데, 21세 기에 음식은 맛과 향으로 즐기면 충분합니다.

치쿠젠니 이름의 기원은 치쿠젠국(筑前国)입니다. 치쿠젠국은 7세 기 무렵 세워진 일본의 옛 율령국으로, 위치는 지금의 후쿠오카현

치쿠젠니(筑前煮)

서쪽입니다. 어떤 문화가 발달했고 언제 망했는지보다 이 지역의
향토 요리였기 때문에 '치쿠젠니'라고 불렸다는 것만 기억하면 충분
합니다. 치쿠젠니는 일본 편의점에서도 쉽게 살 수 있습니다. 일본
갈 때마다 사 와서 맥주 한 캔 마실 때 한 봉지 꺼내어 전자레인지
에 돌려 술안주로 먹기 딱 좋습니다. 두 달 전 10개 사 왔는데 지금
두 개 남아서 다시 일본에 가야 합니다. 저는 치쿠젠니 사러 일본
가는 비효율적인 아저씨입니다.

음식 이름을 공부하는 것은 단순히 잘 먹기 위한 것만은 아닙니
다. 치쿠젠니를 먹어보고 치쿠젠니가 어떤 음식인지 찾다 보면 치
쿠젠국이라는 존재를 알 수 있는 것처럼, 음식 이름 공부를 하다 보
면 역사, 지리, 과학, 한자 등 여러 지식을 쌓을 수 있습니다. 위장의
음식은 4시간이 지나면 사라지지만 뇌에 쌓은 지식은 평생 남아있
어 아주 유용합니다.

니꼬미, 치쿠젠니를 알았으니 앞으로 여러분은 어떤 술집이나 밥집에 가더라도 니모노를 편하게 주문할 수 있는 능력을 갖추게 되었습니다. '토리아에즈 나마비루' 후 니모노로 시장기만 속여 보는 것도 즐거운 선택일 것입니다.

찜 :
무시모노(蒸し物, むしもの)

이제 찜 요리에 대해 알아봅시다. 찜은 우리말로 '찔 증(蒸)'입니다. 수증기, 증기기관차의 증입니다. 증류주의 증이기도 합니다. '불 화(火) + 정승 승(丞) = 김오를 증(烝)', 위에 풀 초(艹)를 붙여 찔 증(蒸)입니다. 일본어 무시모노(蒸し物)는 찜입니다. '찜'은 식재료에 물

이나 불, 기름이 직접 닿지 않고 수증기로 익히는 방법입니다. 우리나라 일식집에서도 흔히 나오는 일식 계란찜을 차완무시(茶碗蒸し)라고 합니다. 차완(茶碗, 찻그릇에) 무시(蒸し, 찐) 다마고(玉子, 계란)인데 '차완무시다마고'라 부르는 대신, 다마고를 생략하여 차완무시라고 합니다. 찻그릇에 타조알, 메추리알을 쪄 먹진 않기 때문입니다.

일식집의 단골 요리인 전복찜은 전복(아와비, 鮑, あわび) + 찜(무시, 蒸し), 즉 무시아와비(蒸しあわび)입니다. 전복 살은 대부분 콜라겐이라 딱딱합니다. 회로 먹으면 오도독거리는 식감이 좋긴 한데 그 이상의 큰 감동이 없습니다. 전복을 제대로 즐기려면 아주 오래 쪄서 전복 살의 콜라겐을 젤라틴으로 변형시켜야 합니다. 그래야 부드럽고 쫄깃한 맛있는 전복찜(무시아와비)가 됩니다. 저는 집에서 99분 정도 찌는데 일식 쉐프들은 전복을 3시간 이상 찌는 분들도 많습니다. 제가 99분 찌는 이유는 집 타이머 설정 가능 시간이 99분까지이기 때문입니다.

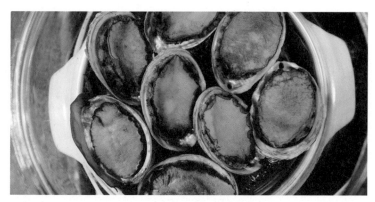

무시아와비

세이로무시(蒸籠蒸し)와 세이로소바(蒸籠そば)

음식 이름은 보통 식재료 이름, 조리법 이름으로 구성되는데 그 릇 이름이 들어간 음식도 가끔 찾을 수 있습니다. '솥'밥, '뚝배기'불 고기, 왕'뚜껑', 앞에서 설명한 '차완'무시 등이 있습니다. 찜 요리에 사용하는 나무 찜통을 음식 이름에 쓰기도 합니다. 찜통(蒸籠), 찜(蒸) + 바구니(籠)라는 뜻의 일본어는 세이로(せいろ)입니다.

'籠(농)' 자는 뜻을 담당하는 대나무 죽(竹) + 음을 담당하는 용 용 (龍)을 합쳐 만든 글자입니다. 바구니에 공을 넣는 '농'구, 옷을 넣는 장'롱'에 쓰이는 한자입니다. 한/중/일 발음은 각각 농/롱/로입니 다. 중국 만두 중 육즙을 젓가락으로 터뜨려 먹는 맛이 일품인 상하 이 음식 소룡포(小籠包)의 가운데 글자이기도 합니다.

세이로무시(蒸籠蒸し)는 세이로라 부르는 찜바구니에 다양한 식재 료를 담아 찐 음식입니다. 세이로소바(蒸籠そば)는 소바를 세이로에 찐 후 그대로 담아 나오는 소바입니다. 지금이야 메밀과 밀을 섞어 서 소바를 만들지만 예전엔 메밀 100%로 면을 만들었습니다. 제면

소롱포(小籠包), 작은(小) 바구니(籠)에 찐 만두(包)라는 뜻

기술도 부족할 때라 삶아 건지면 면이 툭툭 끊어졌기 때문에 찜 바구니(세이로)에 소바를 찐 후 그대로 서빙했던 것이 세이로소바입니다. 한 가지 재미있는 것이, 같은 한자인데도 '蒸籠蒸し'를 '무시로 무시'라고 읽지 않는다는 것. 세이로(蒸籠)의 蒸은 '세이'라고 읽는데 무시(蒸し)의 蒸은 '무시'로 읽습니다. 일본에선 같은 한자에 대해 여러 가지 읽는 법이 있습니다. 이상하다 생각하지 마시고 그냥 그들의 습관이라 이해하시면 됩니다.

갑자기 우리말 중 남을 업신여긴다는 의미로 사용되는 '무시하다'라는 단어가 순우리말인지 한자인지 궁금해졌습니다. 찾아보니 무시(無視), 쳐다보지 않는다는 한자어였습니다. 아이고 뜬금없다.

구이 :
야키모노(焼(き)物, やきもの)

焼く(야쿠, やく)는 '굽다'는 뜻입니다. 식재료를 불에 굽는 조리법을 말합니다. 조림, 찜, 절임과 달리 시간이 오래 걸리지 않는 간단하고 편한 조리법이고 재료를 불에 구우면 바로 먹을 수 있는 직관적인 조리법이라 일본 식당에서 가장 흔하게 파는 음식입니다. 焼く(야쿠)는 동사형, 명사형은 焼き(야키)입니다.

야쿠(焼く) **: 굽다**   **야키**(焼き) **: 구이**

　일본 거리를 돌아다니다 보면 여기저기 야키(焼き)라고 적힌 간판
을 쉽게 찾을 수 있습니다. 야키토리(焼鳥), 야키니쿠(焼肉), 오코노미
야키(お好み焼き), 타코야키(たこ焼き) 등 일본어에서 동사는 '우', 명사

焼鳥(야키토리): 주로 닭을 꼬치에 꿰어 구운 음식

たこ焼き(타코야키): 한입 크기 문어(타코)맛 밀가루빵

お好み焼き(오코노미야키): 밀반죽 위에 재료를 넣어 구워주는 음식

焼肉(야키니쿠): 소고기 직화구이

는 '이'로 끝나는 단어가 많습니다.

참고로, 야쿠자의 야쿠는 굽다라는 뜻이 아닙니다. 관리자(役, や く)의 자리(座, ざ)라는 뜻으로 야쿠자(役座)입니다.

焼는 한국, 중국, 일본에서 모두 사용하는 한자입니다. 우리말로 焼는 '불사를 소'입니다. 3국에서의 글자 모양이 약간씩 다릅니다.

燒 焼 烧

비슷한 의미의 한자를 한중일 3국에서 조금씩 다르게 적습니다.

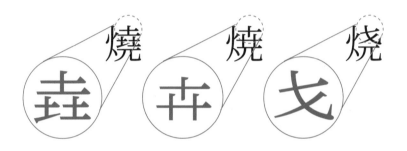

우리말에서 불사를 소(燒)는 쓰레기 '소'각장, 보일러 연'소'실 같은 단어에 사용됩니다. 불을 때서 뭔가를 한다는 의미입니다. 익숙한 생활 필수 단어가 또 있습니다. 쌀로 만든 발효주를 증류해서 만든 (불살라 만든)술이라는 의미로 '소주(燒酒)'라고 합니다. 증류주는 발효된 술을 가열하여 에탄올을 모아야 만들어지니까요.

한편 중국에서 샤오(烧)는 굽는다는 뜻도 있지만 '소스를 넣어 국물 없이 살짝 졸인다'에 가까운 조리법입니다. 한국 중식당의 깐쇼새우, 홍소육의 쇼(소)가 샤오(烧)입니다.

깐쇼새우(干烧虾)와 홍소육(红烧肉)

음식을 불에 구워 익히는 방법은 가장 오래된 조리법입니다. 원시인들이 식사하는 장면을 상상해 보았을 때 굽는 조리법이 떠오를 뿐, 그들이 웍을 마구 돌려 볶음밥을 만들거나 얌전히 앉아 동태전을 부치는 장면이 떠오르진 않을 겁니다. 오래된 조리법인 만큼 구이 요리는 거의 모든 나라에 당연히 있습니다. 그러니 각 나라의 구이를 그 나라 말로 외우면 메뉴 고르기가 편해집니다.

구이(한국) : 장어 소금구이, 흑돼지 통구이

焼き(야키, 일본) : 야키토리, 야키니쿠

烤(카오, 중국) : 베이징카오야(북경오리구이)

barbeque(바비큐, 미국) : 텍사스 바비큐

asado(아사도, 스페인) : 코치니요 아사도(새끼돼지 통구이)

kebab(케밥, 터키) : 고등어케밥

터키의 고등어케밥 : 고등어 구이라는 뜻(케밥은 밥이 아님)

튀김 :
아게모노(揚(げ)物,あげもの)

튀김은 일본 가이세키 정식에 자주 포함되는 요리는 아닙니다만 용어 설명을 위해 가이세키 요리 편에 넣었습니다. 우리나라 일식집의 튀김은 "아, 이제 음식 다 나왔고 식사만 남았구나."라는 시그널 역할을 하는 음식입니다. 튀김이 나오면 "오늘 밥값 내실 분 화장실 다녀온다고 핑계 대시고 슬며시 나와 계산할 시간입니다."라는 신호이기도 합니다.

튀김은 뜨거운 기름에 재료를 넣어 익히는 조리법입니다. 뜨거운 기름의 온도는 170~180도입니다. 요리를 잘 모를 땐 기름 온도가 300~400도 정도 되는 줄 알았습니다만 집에서 흔히 사용하는 카놀라유의 발연점이 240도입니다. 예를 들어 새우튀김을 만들어 보겠습니다. 튀김옷을 입힌 새우를 뜨거운 기름에 다이빙시킵니다. 좌르르르 소리가 납니다. 튀김옷의 수분이 수증기로 바뀌어 기름 표면으로 떠올라 사라지는 소리입니다. 들여다보면 수많은 기포가 기름 위로 날리는 모습이라 일본에서는 날릴 양(揚)을 써서 튀김을 '아게모노(揚(げ)物, あげもの)'라고 합니다. 몸을 일으켜 이름을 날린다는 입신'양'명, 의로운 기운이 날리고 날린다는 의기'양양'의 양과 같은 한자입니다. 경기부'양'도 있습니다.

유부(油腐)는 유두부(油豆腐)의 준말입니다. 얇게 썬 두부(腐)를 기름((油)에 튀겼다는 의미입니다. 일본에서는 유부를 아부라아게(油揚げ)라고 부릅니다. '기름(油)에 튀긴 것(揚げ)'이라는 뜻입니다. 일본 사람들이 즐겨 먹는 유부 요리로 유부초밥과 유부우동이 있는데 '아

46

유부우동은 키츠네우동, 유부초밥은 이나리즈시

부라아게스시', '아부라아게우동'이라고 하지 않고 유부초밥은 이나리즈시(いなりずし), 유부우동은 키츠네우동(きつねうどん)이라고 부르는 것이 재미있습니다. 2장, 3장에서 자세히 설명하겠으니 부디 이 책을 끝까지 읽어 주십시오.

우리는 탕수육, 치킨, 돈까스, 새우튀김 등의 음식에 모두 '튀김'이라는 하나의 단어를 사용합니다만, 일본에는 튀김을 뜻하는 단어가 여러 가지 있습니다.

덴뿌라 (天麩羅, てんぷら) : 튀김옷을 입혀 튀긴 것

가라아게 (唐揚げ, からあげ) : 튀김옷 대신 밀가루, 전분을 묻혀 튀긴 것

카츠 (カツ), **후라이** (フライ) : 튀김옷 + 빵가루를 입혀 튀긴 것

튀김옷이 잘 입혀진 상태의 덴뿌라

덴뿌라(天麩羅, てんぷら)

가장 흔한 형태의 일본 튀김입니다. 주로 야채와 해산물에 밀가루 + 계란 + 물을 반죽한 튀김옷을 입혀 180도 전후의 뜨거운 기름에 튀긴 음식입니다. 우리나라에서 흔히 길거리 어묵을 '덴뿌라'라고 부릅니다만 잘못된 표현입니다. 아마 어묵을 튀겨 만들기 때문에 덴뿌라라고 부르게 된 것 같습니다.

덴뿌라(天ぷら)는 포르투갈어에서 따온 말입니다. 에도 막부 초기 16세기 초, 포르투갈 상인들이 일본에 들어왔습니다. 가톨릭 신자였던 그들은 1년에 4번 특정한 기간을 정해 육식을 먹지 않는 전통이 있었습니다. 그 기간을 '쿼터 템포라(Quatuor Tempora)'라 합니다. 1년에 4번이라 4분의 1을 의미하는 '쿼터', 일시적인 금지라 '템포라'라고 불렀습니다. 일시적이라는 뜻의 영어 단어 'temporary'를 연상해 보면 템포라의 뜻이 쉽게 외워집니다.

육식을 금하는 〈Quatuor Tempora〉 기간 동안 포르투갈인들은 야채, 해산물을 기름에 튀겨 먹었고, 튀김 요리가 드물었던 일본에 그런 음식에 대한 용어가 없었기 때문에 'Tempora'의 음을 따서 '덴뿌라(天麩羅)'로 부르기 시작했다고 합니다. 天麩羅 한자의 뜻이 이해가 가지 않는다고 어려워할 필요 없습니다. "튀김에 왜 하늘 천이 들어가? 무슨 의미일까?"를 고민하지 말라는 겁니다. 음차어는 외래어와 비슷한 발음의 한자를 사용해 만든 단어입니다. 기왕 음차하는 것, 중국의 가구가락(可口可樂)처럼 발음도 코카콜라와 비슷하면서 뜻도 멋지고 그럴싸한 한자 조합으로 단어를 만들면 좋겠으나 그게 항상 가능하진 않기 때문에 덴뿌라 같은 단어들은 단순 음차라 이해하면 됩니다.

덴뿌라(天麩羅, てんぷら)는 줄여서 텐(天)이라고 합니다. 새우튀김은 에비덴뿌라 대신 에비텐(海老天), 튀김 덮밥은 텐동(天丼), 후쿠오카 명물 우엉튀김우동은 고보텐우동(ごぼう天うどん)이라고 부릅니다.

텐동(왼쪽)과 고보텐우동(오른쪽)

가라아게(空揚げ, 唐揚げ)

튀김을 의미하는 두 번째 용어는 가라아게(空揚げ, 唐揚げ)입니다. 가라아게는 재료를 밀가루 반죽에 담그지 않고, 밀가루나 전분을 묻혀 튀긴 것입니다. 튀김옷 없이 튀겼다는 의미로 빌 공(空)을 붙여 '空揚げ(가라아게)'라 쓰기도 하고, 중국 스타일로 튀겼다는 의미로 당나라 당(唐), '唐揚げ(가라아게)'라 쓰기도 합니다. 중국 사람들이 그렇게 튀긴다는 뜻은 아니고 한국어의 당면, 당근, 당나귀에서처럼 접두사로 생각하면 OK.

일본 닭튀김의 예를 들어 보겠습니다. 튀김옷 없이 가루를 묻혀 튀길 수도 있고 걸쭉한 반죽을 입혀 튀길 수도 있습니다. 전자는 치킨가라아게, 후자는 토리텐입니다.

가라아게는 한국 이자카야에서도 종종 파는 메뉴입니다. 원조 일본 가라아게와 달리 튀김을 입혀 튀겼으면서 가라아게로 팔기도

치킨가라아게(왼쪽)와 토리텐(오른쪽)

합니다만, 굳이 "사장님, 이건 닭튀김이지 가라아게 아니잖아요!"라고 항의할 필요까지는 없습니다. 사장님은 냉동 닭튀김을 썼을 뿐이니까요. 한국에서는 닭튀김을 튀김옷 유무와 큰 상관 없이 다음과 같이 분류하는 것이 일반적인 것 같습니다.

프렌차이즈 치킨집에서 파는 닭튀김을 부를 땐 상표 이름으로 부릅니다. 교촌, BBQ, KFC, 누나홀닭 등등. 이자카야에서는 어떤 닭을 튀겼든 메뉴판엔 가라아게라 적는 경향이 있습니다. 초등학교 근처 분식점 가판대에서 파는 닭튀김을 닭강정이라고 부르듯이요.

홋카이도 지역에서는 치킨가라아게를 다른 이름으로 부릅니다. 잔기(ザンギ)입니다. 잔기(ザンギ)의 어원은 중국어 '작계(炸鷄)'입니다. 炸는 튀길 작, 닭(鷄)을 튀겼다(炸)는 뜻입니다. 장을 튀겨 소스를 만들어 비빈 면이라는 뜻의 작장면(炸醬面)에서 짜장면이 된 것과 비슷한 형태의 음식명입니다.

잔기는 홋카이도 동남부 해안가 도시 구시로의 '도리마츠'라는 음식점에서 가라아게와 살짝 다른 스타일로 만든 닭튀김을 팔기 시작한 것이 시초입니다. "가라아게와 잔기의 차이를 명확히 설명할 수 없다."라는 말이 있을 정도로 둘의 차이는 애매하기 때문에 홋카이도에서 치킨가라아게를 먹고 싶으면 잔기 파는 가게를 찾

홋카이도 잔기

으면 됩니다. 찾기 귀찮다면 호텔 아침 뷔페에서 찾으면 됩니다. 홋카이도 호텔에서만큼은 조식에서 잔기를 먹을 수 있습니다.

카츠(カツ)와 후라이(フライ)

일본 튀김의 세 번째 형태는 '카츠(カツ)'와 '후라이(フライ)'입니다. 밀가루, 계란, 빵가루 순서로 재료에 옷을 입힌 후 튀기는 것입니다. '카츠'는 카츠레츠(カツレツ)의 줄임말, 어원은 커틀릿(cutlet)입니다. 돈까스, 새우까스의 '까스'가 일본어 카츠에서 온 단어입니다. 후라이(フライ)의 어원은 프라이(fry)입니다.

두 튀김의 차이는 재료를 넓게 펴서 튀기면 카츠, 원형 그대도 튀기면 후라이입니다. 포크카츠레츠(돈까스)와 에비후라이(새우튀김)의 모습을 떠올리면 됩니다. 먹어본 적이 없어 떠오르지 않는다면 다음 사진을 보십시오.

포크카츠레츠(돈까스) 와 새우후라이(새우튀김)

제가 알기로 한 가지 예외가 있습니다. 프렌치프라이는 손가락 크기로 썬 감자에 빵가루를 바르지 않고 튀기지만 '포테토후라이(ポテトフライ)'라고 부릅니다. 외국 음식이라 프렌치프라이의 느낌을 살려 후라이로 표현하는 것 같습니다.

참고로 새우의 일본어는 에비(エビ), 한자로는 海老입니다. 등이 굽어 '바다의 노인'이라고 표현한 점이 재미있습니다. 새우튀김의 경우 3가지 형태로 구분하게 됩니다. 걸쭉한 튀김옷을 입혀 튀기면 에비텐(海老天), 빵가루를 발라 튀기면 에비후라이(エビフライ), 롯데리아 새우버거의 패티처럼 갈아서 빵가루 발라 튀기면 에비카츠(エビカツ)입니다.

덴뿌라, 가라아게, 카츠, 후라이의 차이를 알게 되었다면 보너스로 튀김 용어 하나 더 알고 넘어가겠습니다. 튀김옷, 가루, 빵가루 같은 부재료를 아무것도 사용하지 않고 재료 그대로 튀긴 것을 '스

에비텐, 에비카츠, 에비후라이

아게(素揚(げ), すあげ)'라고 합니다. 素는 본디 '소'입니다. 원소는 물질의 근본이라는 뜻입니다. 탄소/산소/질소의 소입니다. 염색하지 않은 본디 그대로의 흰색 옷을 입은 귀신의 복장이 바로 소복(素服)입니다. 본래 모습 그대로 튀겼다는 의미로, 먹고 남은 새우 머리를 튀겨주는 경우나 장어덮밥집에서 주전부리로 나오는 장어뼈튀김 같은 것들이 모두 스아게입니다.

스아게까지 알게 되었다면 이제 일본 어느 식당에 가도 아게모노를 마음껏 즐기실 수 있습니다.

스아게의 예: 장어뼈튀김, 새우머리튀김

전골 :
나베모노(鍋物, なべもの)

鍋는 '노구솥 과' 자입니다. 노구솥은 놋쇠(노)나 구리(구)로 만든 작은 솥입니다. 조선 전통의 솥은 부뚜막에 반쯤 파묻혀 있는 까맣고 큰 가마솥입니다. 한자는 부(釜)입니다. 부산(釜山)은 시내에 가마솥을 엎어놓은 것처럼 생긴 산이 있어 부산이라고 했습니다. 작은 노구솥은 요즘 우리가 사용하는 냄비 정도 되겠습니다. 노구솥은 조상님들이 흔히 쓰던 조리 도구는 아니었습니다. 어쨌건 노구솥 과(鍋)의 일본어 발음은 '나베(なべ)'입니다. '나베모노(鍋物, なべもの)'는 냄비 요리라는 뜻으로 한국의 전골과 비슷한 음식입니다. 차완무시, 세이로소바에서처럼 그릇 이름이 붙은 음식명입니다. 우리나라 음식에도 '솥', '냄비' 단어가 들어간 음식들이 있습니다. 솥뚜껑 삼겹살, 돌솥비빔밥, 냄비우동이 그 예입니다. 참고로 '냄비'는 일본어 '나베'에서 온 단어입니다.

중국에서는 과(鍋)를 약자 锅로 쓰고 '궈(guō)'로 읽습니다. 마라 향 가득한 냄비 요리라는 뜻의 마라샹'궈', 냄비를 불에 올려 육수를 끓이고 재료를 샤브샤브해 먹는 훠'궈'의 '궈'입니다.

마라샹궈(麻辣香锅)와 훠궈(火锅)

대표적인 나베모노에는 후쿠오카의 모츠나베(もつ鍋)가 있습니다. 일본식 곱창전골입니다.

한국식 곱창전골과 일본 모츠나베는 비슷한 음식이지만 몇 가지 다른 점이 있습니다. 곱창전골엔 소장, 모츠나베엔 대장이 들어 있는 차이가 있고 고춧가루와 마늘을 넣고 얼큰하게 끓이는지 간장, 된장, 미림을 넣고 끓이는지의 차이가 있습니다. 먹는 방법도 다릅니다. 곱창전골을 먹는 한국인들은 국물을 끝까지 먹습니다. 1. 숟가락으로 떠먹고, 2. 공기에 담아 밥을 말아 먹습니다. 곱창과 야채를 거의 다 먹으면, 3. 국물에 칼국수를 끓여 먹고, 그렇게 먹었는데도 바닥에 국물이 남으면, 4. 남긴 국물에 밥을 볶아 먹습니다. 반면 모츠나베를 먹는 일본인들은 국자로 재료를 건져 젓가락으로 집어 먹을 뿐 국물을 즐겨 마시지 않습니다. 뭐, 한두 모금 맛보긴 하겠죠.

후쿠오카의 유명한 음식. 모츠나베

국물을 좋아하는 한국 사람들에게 전골 국물이란 재료의 맛과 영양소가 배어 있는 맛있는 액체입니다. '엑기스'라고 표현할 정도입니다. 버릴 이유가 없지요. 김치찌개, 순두부찌개 시켜서 김치, 순두부만 먹고 숟가락 놓으면 왜 시켰냐며 엄마한테 혼납니다. 하지만 일본 사람들에게 나베모노 국물은 재료를 촉촉하고 맛있게 익히기 위한 수단일 뿐 국물 자체에 큰 의미를 부여하지는 않는 것 같습니다. 중국집에서 물만두를 주문했을 때 나온 만두 담긴 물에 큰 의미를 부여하지 않는 것처럼요. 나베모노는 아니지만 쯔유라 부르는 우동이나 소바 국물도 면을 맛있게 먹기 위한 수단이라 생각하기 때문에 찍어 먹고 건져 먹을 뿐 후루룩 마시진 않습니다. 라멘은 좀 예외입니다. 가끔 국물까지 다 마시고 빈 그릇 인증샷을 SNS에 올리는 사람들이 있습니다. 매니아 층이 있어서 그런 것 같습니다.

멧돼지 고기를 양념해서 끓인 전골 요리 '보탄나베(牡丹鍋, ぼたんなべ)'도 유명한 나베모노입니다. 접시에 얇게 잘라 세팅한 멧돼지 고기가 모란꽃 모양이라 붙은 이름입니다. 牡丹, 우리는 모란이라 읽고 일본에선 '보탄'으로 읽습니다. 모란에 비유한 이유는 단순히 꽃 모양이기 때문만은 아닙니다. 일본은 불교 국가라 육식을 금했기 때문입니다. 어쩌다 구한 멧돼지 고기를 먹긴 먹어야겠고 걸리면 혼나겠고 하니 여차저차 꽃에 비유한 것입니다. "난 고기를 먹는 게 아니야. 꽃을 먹은 것뿐이야."라는 멋진 비유입니다. 고기를 꽃에 비유한 전골 요리가 몇 개 더 있습니다.

모미지나베(もみじなべ) : **사슴고기전골** ---- **단풍전골**

보탄나베(ぼたんなべ) : **멧돼지고기전골** ---- **모란전골**

사쿠라나베(さくらなべ) : **말고기전골** ---- **벚꽃전골**

이래저래 어원이 있는데 설명하기에 복잡하여 생략하고, 사단, 메모, 말벗으로 외우면 됩니다.

지금은 사슴, 멧돼지, 말고기보다 주로 소고기를 얇게 썰어 사용합니다. 맑은 육수에 살짝 익혀 먹는 샤브샤브, 소고기와 야채를 간장 육수와 함께 끓여 먹거나 구운 후 육수를 살짝 뿌려 먹는 스키야키도 나베모노의 일종입니다. 둘 다 날달걀을 찍어 먹는데, 고소합니다.

재료를 익히고 진한 육수를 살짝 뿌려 간을 맞추는 관서풍 스키야키(왼쪽)
재료를 함께 넣고 연한 육수를 부어 함께 끓여 졸이는 관동풍 스키야키(오른쪽)

나베모노의 주재료는 반드시 고기는 아닙니다. 두부, 게, 야채가 주재료인 경우도 많습니다. 다른 나베모노와 마찬가지로 국물을 떠 먹는 용도의 숟가락은 주지 않습니다만 한국 사람들은 아랑곳하지 않고 국물을 맛있게 마십니다. 저도 그렇습니다.

절임 :
즈케모노(漬物, つけもの), 코노모노(香の物, こうのもの)

식재료, 주로 야채를 소금, 쌀겨, 된장, 술지게미 등에 담가 절인 음식을 우리말로는 절임이라 부르고 일본에선 '담글 지(漬)' 자를 써서 '즈케모노(漬物, つけもの)'라고 합니다. 지-즈케, 비슷한 발음입니다. 김치도 절임의 일종인데 김치류 중 오이지, 섞박지, 짠지에서 지의 어원이 '담글 지(漬)'입니다. 일본에서는 야채를 된장에 절이기도 하는데 냄새가 강한 된장을 향기 향(香)을 써서 '코'라고 불르기 때문에 절임을 코노모노(香の物, こうのもの)라고도 부릅니다. 물론 된장에 절인 것만을 코노모노라 부르진 않습니다. 고급 이자카야나 가이세키 음식점에서 즈케모노 대신 코노모노(香の物), 오싱코(お新香)라고 적어놓곤 합니다.

한국에서 가장 유명한 즈케모노는 '다쿠앙즈케(沢庵漬け)'입니다. 한국에 건너와 변형된 형태가 바로 단무지입니다. 한국에서도 단무지를 다쿠앙의 준말인 '닥꽝'이라 부르던 시절이 있었습니다. 닥꽝이라는 단어를 아는 분은 적어도 50대입니다.

일본의 다쿠앙즈케

다쿠앙(沢庵)은 17세기 무렵의 일본 승려 이름입니다. 이 할아버지가 무를 쌀겨와 소금에 절여 만든 것이 최초라고 알려져 있습니다. "다쿠앙 승려가 기존의 절임 방법을 전파한 것뿐이다." "다쿠앙 승려와 상관없다."는 이야기도 있겠으나, 우린 인문학 공부하는 학생들이 아니기 때문에 다쿠앙 승려만 기억하면 됩니다. 뭐, 다쿠앙 승려라는 존재한 적 없는 가상의 인물을 다쿠앙즈케를 설명하기 위해 만들어 낸 건 아니니까요.

단무지는 다쿠앙즈케에서 온 음식입니다. 둘의 차이는 발효 음식인지 아닌지에 있습니다. 다쿠앙즈케는 쌀겨, 소금에 절인 후 오래 두어 발효시킨 음식이고 단무지는 발효 과정 없이 식초, 설탕, 감미료에 절인 반찬입니다. 그래서 다쿠앙즈케는 짠맛과 깊은 향이 강하고 단무지는 새콤달달합니다. 김치와 기무치의 경우, 김치는 오래 발효시킨 음식, 기무치는 절인 음식이라는 차이가 있습니다. 기무치엔 마늘, 생강, 젓갈이 들어가지 않는다는 차이도 있구요.

무의 일본어는 대근, 다이콩(大根)입니다. 큰 뿌리, 딱 어울리는 이름입니다. 한국에서 깍두기, 섞박지 같은 무김치를 자주 담그는 것처럼 일본에서도 무는 즈케모노로 많이 사용하는 식재료입니다. 저리 큰 걸 언제 다 먹겠습니까. 절여 놓아야 오래 먹을 수 있겠죠. 절이면 맛도 좋습니다. 무를 사용한 일본 즈케모노 중 제가 가장 좋아하는 것은 도쿄의 '벳타라즈케(べったら漬け)' 입니다.

도쿄를 대표하는 특산품 벳타라즈케

껍질 벗긴 무를 소금, 설탕, 쌀, 쌀누룩에 절인 즈케모노입니다. 쌀, 쌀누룩이 묻어 있어 표면이 끈적끈적(べたべた, 베따베따)거린다고 하여 벳타라즈케라고 부릅니다. 촉촉하고 달달해서 술안주로도 최고입니다. 도쿄에 갈 때마다 백화점 지하에 들러 여러 개 사 오곤 합니다.

교즈케모노

그래도 즈케모노로 가장 유명한 도시는 교토입니다. 교토에서는 '교야사이(교토 야채, 京野菜, きょうやさい)'라고 따로 이름이 붙을 정도로 품질 좋은 야채가 많이 생산됩니다. 지금도 '브랜드 교토 야채'라고 품목을 정해놓을 정도입니다. 교토는 일왕과 귀족이 살던 천년 고도였으니 최상급 식재료가 발달하는 것도 당연했습니다. 바다 없는 분지라 신선한 생선 공급이 어려웠던 것도 야채를 최상급으로 재배하려 노력했던 이유였을 것입니다. 그런데 야채는 놔두면 무르고 상합니다. 절이든지 말리든지 해야 합니다. 건조한 날씨가 아닌 교

교토 니시키 시장의 즈케모노 가게

토에서는 야채를 말릴 수 없습니다. 그래서 오래 보존할 수 있도록 절여 놓았습니다. 겨울의 교토는 춥고 습하여 발효에 최적화된 기후라는 것도 교토 즈케모노가 유명한 이유 중 하나입니다. 교토 야채를 교야사이라 부르는 것처럼, 교토 즈케모노를 '교즈케모노(京漬物)'라 부릅니다.

교토의 니시키 시장에 가면 즈케모노 가게가 여럿 있습니다. 즈케모노 가게에 가면 일단 사진을 찍어두기를 추천합니다. 나중에 모니터로 확대해 보면서 일본어 야채 이름을 쉽게 외울 수 있어서입니다. 사진 여러 장 찍으면 좀 미안해지잖아요? 즈케모노 몇 봉 사서 나오면 됩니다. 생각보다 신맛이 강하긴 합니다만 냉장고에 넣었다가 가끔 꺼내 먹기 좋습니다. 전 갈 때마다 20봉 정도 사 오곤 합니다. 한 끼 곁들여 먹을 정도의 포장이 600엔 전후 가격입니다. "무슨 절임이 그렇게 비싸?"라고 생각하지 마십시오. 교토 사람들도 '즈케모노는 사 먹는 음식'이라 여깁니다. 예전부터 교토는 한정된 공간에 많은 사람이 살아야 했기 때문에 집이 좁았습니다. 절임 항아리를 둘 공간 따윈 당연히 없었습니다. 예나 지금이나 즈케모노는 사 먹을 수밖에 없습니다.

3대 교즈케모노를 소개합니다.

스구끼즈케 (すぐき漬け) : 스구끼는 순무의 일종
시바즈케 (しば漬け) : 가지절임. 일본 발음 주의할 것
센마이즈케 (千枚漬け) : 순무를 얇게 썰어 발효시킨 것

센마이즈케

키자미스구끼(刻みすぐき)와 키자미시바즈케(刻みしば漬け)

마이(枚)는 '매'입니다. A4 10매, 기념 우표 5매 등 종이나 널빤지를 세는 단위입니다. 센마이즈케는 순무 하나를 센마이(千枚, 1천 매) 정도로 얇게 썰었다는 뜻입니다. 순무 길이가 10센티미터 정도인

데 1천 매로 썰면 0.1밀리미터입니다. 대충 얇게 썰었다는 slice 정도 느낌일 것입니다.

교즈케모노를 살 때 보면 '키자미(刻み, きざみ)'라고 적힌 걸 종종 볼 수 있습니다. '새길 각(刻)'인데, 잘게 썰었다는 뜻입니다.

나라즈케

교토 아래쪽에 위치한 '나라'도 절임으로 유명한 도시입니다. 아오모리 사과, 가고시마 흑돼지처럼 도시 이름을 붙여 나라즈케(奈良漬(け), ならづけ)라고 부를 정도로 유명합니다. 잘 모르던 시절 단무지와 비슷하게 생긴 일본 절임을 나나스키라 불렀는데, 나나스키가 아니고 나라 지역의 즈케모노, 나라즈케입니다.

나라 지방에는 사케 양조장이 많습니다. 나라즈케는 사케를 만들고 남은 찌꺼기(술지게미)에 박과 식물을 담가 절인 음식입니다.

나라즈케

박과 식물에 붙는 우리말 접미어는 박/외/과입니다. 호박, 수박, 참외, 울외의 박/외는 순우리말이고 과(瓜)는 한자어입니다. 박과 식물 오이는 '외'에서 온 단어입니다. 헛갈리기 쉬운 글자 2개가 오이 과(瓜)와 손톱 조(爪)입니다. '오이(瓜)엔 손톱 있고 손톱(爪)엔 손톱 없다'라고 외우면 평생 기억할 수 있습니다. 과(瓜)를 일본에선 '우리(う り)'라고 읽습니다. 순우리말 '외'와 발음이 비슷합니다. '우리'는 박과 식물을 총칭하는 단어입니다. 나라즈케에 사용하는 우리 몇 가지는 다음과 같습니다.

시로우리(白瓜), 나라즈케에 가장 많이 사용되는 품종입니다. 우리말로 '울외'입니다. 오이도 나라즈케의 재료입니다. 오이가 익으면 노랗게 되므로 키 + 우리(黃瓜), 큐리입니다.

나라즈케도 교즈케모노처럼 덩어리째 팔기도 하고 잘게 썰어 팔

박과 식물. 사진 오른쪽이 시로우리(울외)

기도 합니다. 잘게 썬 것을 원하면 키자미(きざみ)라 적힌 것을 사면 된다고 바로 위에서 설명한 바 있습니다.

시장이나 번화가의 즈케모노 전문점을 일정상 갈 수 없다면 백화점 지하 식품관을 가면 됩니다. 지하 식품관은 있어야 할 건 다 있는 화개장터 같은 공간입니다.

무침 :
아에모노(和え物, あえもの)

　볶음과 달리 무침은 차가운 음식입니다. 다만 무침 요리라고해서 이것저것 넣고 버무리기만 하면 되는 것은 아닙니다. 골뱅이 무침, 낙지 무침 같은 요리를 만들 때 참기름, 설탕, 마늘, 소금, 간장, 미원 등등 '갖은 양념'을 어느 한 맛에 치우치지 않도록 잘 만들어 무쳐야 맛

일본식 무침 요리, 아에모노

있는 것처럼, 일본의 무침 요리도 양념의 짠맛, 단맛, 감칠맛이 주재료와 조화를 이루어야 맛있습니다. 맛의 조화를 이룬다는 뜻으로 화목, 화합의 화(和)를 사용하여 아에모노(和え物, あえもの)라고 부릅니다. 역시 '화-아에', 비슷한 발음이므로 어렵지 않게 외워집니다.

일본의 무침에 사용하는 소스는 주로 된장, 참깨, 으깬 두부입니다.

미소아에 (味噌和え, みそあえ) : 미소(된장) 양념 무침

코마아에 (胡麻和え, ごまあえ) : 고마(참깨) 양념 무침

시라아에 (白和え, しらあえ) : 하얀(두부) 양념 무침

스미소아에 (酢味噌和え, すみそあえ) : 스(식초) 미소(된장) 무침

일본 아에모노는 한국 무침처럼 손으로 꽉꽉 무치지 않습니다. 소스와 재료를 살짝 섞는 정도로 무칩니다. 때로는 소스를 섞지 않고 재료 위에 끼얹은 형태로 나오기도 합니다. 참기름, 고춧가루, 마늘의 사용 여부도 무침과 아에모노의 차이입니다. 일본 사람들은 매운 것, 마늘 냄새, 참기름 향을 썩 좋아하지 않습니다. 일본 참기름을 팔기도 하는데 향이 강하지 않고 볶음이나 튀김에 사용하는 용도일 뿐, 음식에 한 스푼 넣어 고소함을 증폭시키는 용도로는 사용하지 않습니다.

우리나라 무침의 흔한 형태는 나물입니다. 나물과 비슷한 일본식 무침 요리는 오히타시(お浸し, おひたし)입니다. 데친 채소를 가다

랑어 혹은 다시마 육수로 만든 국물에 담가 만들었다는 의미로 '담글 침(浸)'을 사용합니다. 침투, 침례교의 침과 같은 한자입니다. 한편, 일본 한식당에서는 한국 스타일의 무침을 파는데 메뉴판엔 '나무루(ナムル)'라고 적혀 있습니다. 물론 돈 주고 사 먹어야 하고 리필은 되지 않습니다. "리필 오네가이시마스." "리필 다이조부데쓰까?"라고 물어보면 못 알아들은 척 할 수 있습니다.

일본의 시금치 오히타시(왼쪽)와 한국의 시금치나물(오른쪽)

　시금치나물, 숙주나물, 도라지나물 등 우리나라에서의 나물은 밥 먹을 때 곁들여 먹는 반찬이고, 일본의 무침 요리는 가이세키 메뉴의 전채 음식으로 제공되거나 이자카야에서 돈 주고 주문해 먹는 요리라는 차이가 있습니다.

국:
스이모노(吸い物, すいもの), 시루모노(汁物, しるもの)

매일매일 숨 쉬는 행위를 호흡(呼吸)이라고 합니다. 불 호(呼), 마실 흡(吸), 즉 공기를 불고 마신다는 뜻입니다. 스이모노(吸い物)는 마시는(吸い) 음식이라는 뜻으로 국, 주로 '맑은국'을 의미합니다. 술 안주 역할이기 때문에 생선, 채소, 버섯 등 맛있는 재료가 젓가락을 대기 미안할 정도로 들어가 있습니다. 그런데 아무리 찾아봐도 숟가락이 없습니다. 일본에서는 젓가락으로 재료를 건져 먹고 국물을 먹고 싶을 땐 그릇을 양손에 들어 입에 대고 마십니다. 그래서 스이모노인가 봅니다. 우리와 다른 문화입니다. "난 국물을 숟가락으로 떠먹어야 맛있다. 입에 대고 먹는 건 반가의 법도가 아니다!"라는 분들은 편하게 숟가락 달라고 하면 됩니다. 일본어로 "스푼 오네가이시마스."라고 말하면 다 알아듣습니다. 숟가락을 요청하면 "니 한국 사람 맞재? 내 이랄쭐 아라따."라는 표정으로 웃으며 숟가락을 가져다줄 것입니다. 이탈리아 레스토랑에서 파스타 먹을 때 젓가락 달라고 하는 상황은 아니니 걱정하지 않으셔도 됩

미소시루

니다. 그런데 숟가락으로 떠먹어 보면 알게 됩니다. 일본 국그릇은 작아서 숟가락으로 떠먹는 것보다 들고 마시는 것이 편합니다.

국에 해당하는 다른 용어로 시루모노(汁物, しるもの)가 있습니다. 汁는 우리말로

'즙'입니다. 착즙기, 과즙처럼 한국어로 식재료에서 수분을 꽉 짜서 나온 액체라는 의미로 많이 사용하는데, 일본에서는 汁(즙)을 시루라고 발음하고 국이라는 뜻으로 사용합니다. 스이모노(吸い物)는 술안주로 제공하는 맑은국, 시루모노(汁物)는 밥 먹을 때 혹은 밥 먹기 전에 나오는 국입니다. 주로 된장국(미소시루, 味噌汁)입니다.

우리나라의 국은 반찬과 함께 밥을 먹기 위해 곁들여 먹는 보조 역할이라 식사를 주문하면 당연히 반찬과 국이 딸려 나옵니다만 일본 시루모노는 따로 돈을 내고 주문해야 합니다. 돈카츠, 함바그 스테이크를 주문하면 그것만 딸랑 나오고 밥은 100~150엔, 시루모노는 200~300엔 추가 요금을 내거나 아예 그것들이 포함된 세트 메뉴를 주문해야 합니다. '난 시루모노를 일본에서만큼은 원 없이 마셔보고 싶다'는 분들은 꼭 호텔 아침 뷔페를 이용하시길 추천합니다.

도쿄 츠키지시장에 간 적이 있습니다. 생선 가게 한 곳에서 스시, 사시미를 썰어 팔고 있었고 한쪽 구석에서 카니미소시루(게 된장국)를 팔고 있었습니다. "그래, 한국 같으면 초밥 먹는 사람들한테 공짜로 줄 텐데 얼마지?" 확인해 보니 한 그릇 600엔입니다. 10분 정도 구경해 보았는데 일본 사람들은 가끔 사 먹고 한국 사람들은 아무도 사먹지 않습니다. 아마 100엔이어도 잘 안 사 먹을 것 같습니다. 그 가게가 바가지 씌우는 곳은 아닙니다. 일본 미소시루가 생각보다 비싼 음식일 뿐입니다.

게 된장국(카니미소시루), 한 그릇에 600엔

저는 한국 사람임에도 불구하고 미소시루를 사 먹어 본 적이 딱 한 번 있습니다. 히로사키의 한 이자카야에서 혼술 중 추천메뉴 리스트에서 조개된장국을 발견했습니다. (추천 메뉴의 일본어는 오스스메(お勧め, おすすめ)입니다. 권할 권(勧), 일본어 훈독으로 '스스메루'입니다.) 조개된장국을 꼭 먹고 싶었다기보다 450엔, 3천 800원 짜리 된장국이 어떤 정도일지 궁금해서 주문해 보았습니다. 취재비라고 생각하면 되니까요. 맛은 예상했던 것과 거의 비슷했습니다. "아니, 이걸 3천 원 넘는 돈을 받고 팔아? 내가 다신 일본에서 미소시루 사 먹지 않을 거야."라고 3초 생각했지만 어떤 음식이든 비싼 돈 주고 먹으면 맛있긴 합니다. 한국에서는 짬뽕의 홍합도 귀찮아 먹지 않던 제가 손톱 크기의 작은 조갯살들을 남김없이 다 발라 먹었을 뿐입니다. 3천 800원짜리 된장국이었으니까요.

고급 식당에서 제공되는 시루모노나 스이모노는 뚜껑을 덮어 나

반드시 그릇을 왼손으로 잡은 채 뚜껑을 열어야 함

옵니다. 뚜껑을 여는 순간의 아름다움을 눈으로 마시고 코에 들어 오는 향을 즐기라는 뜻입니다. 주의 사항이 있습니다. 반드시 한 손 으로 그릇을 잡고 나머지 한 손으로 뚜껑을 열어야 합니다. 수증기 와 물의 부피 비율은 1700:1입니다. 뜨거운 국물이 식으면서 그릇 안의 수증기가 액체로 변하면 낮아진 압력으로 인해 그릇과 뚜껑이 딱 달라붙어 있는 상태가 됩니다. 이 상태에서 무심코 한 손으로 뚜 껑을 열면 상상하기 싫은 일이 벌어질 수 있습니다. 그릇이 2센티 미터쯤 뚜껑에 붙어 올라가다 테이블에 떨어지며 내용물을 쏟게 됩 니다. 테이블에 쏟으면 그나마 수습이 가능합니다만, 허벅지에 쏟 으면 바지를 벗어야 합니다. 경험담입니다. 너무 급하게 벗으면 바 지 이외에 다른 옷이 같이 벗겨지는 응급 상황이 생기기도 합니다.

국물 요리와는 조금 다른 형태로, 소바나 우동을 찍어 먹거나 말아 먹는 용도의 국물은 시루(汁)라고 하지 않고 쯔유(つゆ)라고 합니다. 시루는 마시는 목적의 국물이고 쯔유는 면을 맛있게 말아먹거나 찍어 먹는 용도일 뿐 마시지 않는 국물이라는 차이가 있습니다. 일본 라멘의 국물은 스프(スープ)라고 부릅니다. 라멘이 외국(중국)에서 기원한 음식이라 라멘 국물을 가타가나를 사용하여 스프라고 부르는 것 같습니다. 우리나라 라면 스프는 가루, 일본 라멘 스프는 국물입니다.

우동, 소바를 찍어 먹거나, 면에 부어 먹는 용도의 쯔유

라멘 국물은 스프라고 함

스이모노(吸い物, すいもの)**:** 맑은 국물 요리

시루모노(汁物, しるもの)**:** 식사와 함께 나오는 국물, 주로 된장국

쯔유(つゆ)**:** 우동, 소바에 찍어 먹거나 면에 부어 먹는 국물

스프(スープ)**:** 라멘 국물

국물 요리는 생각보다 만들기 어렵습니다. 육수를 우려낸 후 소금, 간장, 된장 등으로 맛의 밸런스를 딱 맞추어 생선, 버섯 등 식재료의 맛을 극대화하는 과정입니다. "물에 재료 넣고 끓이기만 하면 되는 것 아니야?" 했다가는, 한 숟갈 떠먹어 보고 3초 만에 그렇게 하면 안 된다는 것을 알게 됩니다. 언젠가 요리를 전혀 모르던 시절, 순댓국을 만들어 먹겠다며 시장에서 산 순대를 물에 끓인 적이 있었습니다. 아시아에서 가장 맛없는 순댓국을 먹는 순간이었습니다. 순댓국의 국물이 육수라는 것을 몰랐던 30대 초반의 에피소드입니다. 일본 국물 요리에서도 국물의 베이스가 되는 육수를 만들어야 합니다.

일본에선 가쓰오부시나 다시마, 혹은 멸치로 육수를 냅니다. 1868년 메이지유신 전까지 육식을 금했던 불교 국가였으니까요. 돼지 뼈 육수, 닭 육수 같은 고기 육수를 사용한 것은 라멘을 먹기 시작한 1900년대 이후부터입니다. 육수의 한자는 肉水, 고기를 우려낸 국물인데 멸치 육수, 콩나물 육수처럼 채소나 해산물을 우려

낸 국물도 육수라는 표현을 사용합니다.

가쓰오부시나 다시마를 끓여 육수를 만든 것을 '끓여 내었다'라는 의미로 나올 출(出) 글자를 써서 다시지루(出し汁, だしじる), 줄여서 다시(だし, 出し)라고 합니다. 다시에 간장, 소금, 된장, 설탕, 미림 등을 첨가하여 맛있는 시루, 쯔유를 만들어 사용합니다.

참고로, 메인 음식이 나오기 전 제공되는 한 젓가락 음식을 '쓰끼다시(突(き)出し, つきだし)'라고 하는데 쓰끼다시의 다시와 육수의 다시는 같은 의미입니다. 쓰끼다시는 메인 음식을 고르기 전 손님에게 '불쑥 내민' 먹거리입니다. 자세한 내용은 야키토리 편에서 설명하겠습니다.

가이세키 메뉴를 통해 일본 음식의 조리법에 대해 알아보았습니다. 식재료 이름을 외우고 조리법 이름을 외우면 어느 나라를 가든 메뉴판의 90%를 읽을 수 있게 됩니다. 상상만 해도 신나는 일입니다. 이제 웬만한 일본 식당에서 편하게 음식을 주문할 수 있게 되었으니까요.

2장

일본 면 메뉴판 정도는 알아야죠?

"일본 사람들은 면을 좋아한다."라는 이야기를 종종 들었을 것입니다. 면이 주식은 아니지만 일본인들은 면을 아침 점심 저녁 언제든 한 끼 식사로 충분히 즐깁니다. 이때 곁들이는 맥잔잔이 화룡점정이지요. 한국 사람들도 일본 사람들처럼 면을 좋아합니다만, 쌀밥을 먹어야 제대로 한 끼 먹는 것으로 생각하기 때문에 자주 먹으면 안 되는 음식이라고 생각하기도 합니다. 두 끼 연속 면 먹는 사람이 거의 없고 특히 아침 식사로 면을 먹는 사람도 별로 없습니다. 가장 큰 이유는 '어릴 때부터 엄마가 먹지 말래서'가 아닐까요? 출근해서 아침에 컵라면을 먹을라치면 정수기 앞에서 마주치는 직장 동료들의 92.3%는 추임새 한마디를 툭 던집니다. "왜 아침부터 라면을 드세요?" 우리도 일본에서처럼 면이 당당한 한 끼 음식으로 인식되는 날이 빨리 오면 좋겠습니다.

일본 3대 면 요리는 우동, 소바, 그리고 라멘입니다. 셋 다 중국에서 건너온 음식으로 우동과 소바는 당, 송 시절 들어와 수백 년을 거치며 정착한 음식이고 라멘은 19세기 후반, 메이지시대 전후에 들어온, 비교적 역사가 짧은 음식입니다. "뭐야? 면을 좋아한다면서 3개 밖에 없잖아!" 천만에요. 면을 쯔유에 찍어 먹는지 쯔유를 면에 뿌려 먹는지, 아니면 국물을 부어 먹는지뿐 아니라 차갑게 먹는지 뜨겁게 먹는지, 토핑은 어떤 것을 올리는지에 따라 아주 다양한 한 그릇의 요리가 만들어집니다. 이외에도 차이나타운에서 기원한 자쟈멘, 차오멘, 탄탄멘 같은 일본식 중화 면 요리, 나폴리탄, 앙가케스파게티같은 일본화된 파스타 등 다양한 일본 면 요리가 있어 일본 여행을 계획하고 떠나는데 중요한 동기가 되곤 합니다.

일본 면 소개의 첫 번째는 '면'의 한자입니다. 글자를 알아야 간판을 보고 면을 먹으러 식당에 들어갈 수 있으니까요. 각자 한국, 일본, 중국의 면을 의미하는 한자입니다.

일본 3대 면 요리, 우동(うどん), 소바(そば), 라멘(ラーメン)

麵 麵 面

한자는 뜻글자 + 소리글자 조합으로 외우면 쉽습니다. 면은 곡류를 빻은 가루를 반죽하여 가늘고 길게 뽑은 것이라 곡류라는 뜻의 '보리 맥(麥=麦)' 자와 음을 담당하는 '얼굴 면(面)'자의 조합입니다. "면은 주로 밀가루로 만드는데 왜 보리 맥 자가 들어 있지?"라는 의문이 들 수도 있습니다. 맥은 보리라는 뜻도 있지만 쌀 이외의 곡식들, 즉 보리, 밀, 귀리 등의 총칭이기도 합니다. 보리와 밀을 구분하기 위해 보리를 대맥(大麥), 밀을 소맥(小麥)이라고도 합니다. 맥의 일본어 발음은 '무기'입니다. 역시 맥-무기, 비슷한 발음입니다.

무기 (麦, むぎ) : 보리 혹은 쌀 이외의 곡식의 총칭

오오무기 (大麦, おおむぎ) : 대맥, 보리

코무기 (小麦, こむぎ) : 소맥, 밀

소바 (蕎麦, そば) : 교맥, 메밀

오토무기 (オート麦, えんばく) : 귀리

라이무기 (ライ麦, ライむぎ) : 호밀

귀리와 호밀의 일본어는 영어 oat와 rye에서 온 단어입니다. 빵집에서 귀리빵, 호밀빵 고를 때 알고 계시면 좋습니다.

곡식 이름 외우는 김에 벼과 식물인 수수와 옥수수의 일본어 이름 소개합니다. 수수는 모로코시(モロコシ), 옥수수는 영어 corn 발음대로 콘(コーン)이라 쓰기도 하지만 당나라에서 온 수수라는 의미로 唐(トウ) 접두사를 붙여 토오모로코시(トウモロコシ)라고 합니다. 당나라는 콜럼버스의 신대륙 발견 이전의 나라인데, 옥수수는 신대륙에서 온 곡물입니다. 옥수수가 당나라에서 건너왔다는 건 타임라인이 맞지 않아 옥수수에 붙는 '당' 접두사가 이상할 수 있습니다만, 토오가라시(唐辛子, 고추), 가라아게(唐揚げ), 한국의 당근, 당나귀, 당면처럼 '중국에서 건너왔다'라는 의미의 접두사로 이해하면 됩니다.

언급한 곡식 중 면을 만드는 데 주로 사용되는 것이 밀과 메밀입니다. 우리가 가끔 쓰는 모밀은 메밀의 사투리입니다. 밀로 만드는 일본 면으로 우동, 소멘, 라멘이 있고 소바는 메밀 혹은 메밀 + 밀로 만듭니다. 그렇다면 쌀국수는? 라이스누도루(ライスヌードル)입니다. 물론 일본 여행 중 쌀국수를 먹을 위장적 여유는 없긴 합니다.

우동(どん),
소바(そば)

✽ 우동과 소바의 정의

"관서우동 관동소바"라는 말이 있습니다. 오사카, 교토 등 관서
지방에서는 우동을 주로 먹고 도쿄에서는 소바를 주로 먹는다는 뜻
입니다만 21세기엔 큰 의미가 없을 것입니다. 오사카-도쿄 구간이
신칸센으로 2시간 반 걸리는데 굳이 여기선 우동, 저기선 소바 맛
집을 찾을 필요 없겠지요. 관서우동 관동소바는 명절 차례상의 홍
동백서, 조율이시처럼 "그렇게 말하는 사람도 있나 봐요."하고 넘어
가면 충분합니다. 우리에겐 우동은 밀로 만든 면, 소바는 메밀 혹은
메밀 + 밀로 만든 면이라는 구분, 우동과 소바 종류를 아는 것이 훨
씬 실용적입니다.

일단 우동의 정의부터. 우동은 밀가루, 물, 소금을 반죽하여 굵
고 길게 자른 면, 혹은 그것으로 만든 음식입니다. 밀가루 반죽을

직경 1센티미터에 육박하는 두꺼운 우동도 있고 납작한 우동도 있음

라자냐 파스타처럼 넓은 히모가와 우동

가늘고 길게 자른 면은 소멘(素麵, 소면)입니다. '굵게, 가늘게'의 구체적인 기준은 일본농림규격(JAS)에 정의되어 있습니다. JAS의 건면류 품질표시기준에 의하면 기계로 만든 건면의 경우, 직경 1.7밀리미터 이상을 우동, 1.3밀리미터 미만을 소멘이라고 합니다. 이 기준은 건면에 대한 기준일 뿐 생면, 삶은 면 형태로 파는 경우 면의 굵기와 상관없이 우동이라고 부를 수 있고, 이나니와 우동, 키시멘, 히모가와 우동 같은 둥글지 않은 매우 납작한 형태의 우동 면도 있

으니 1.7, 1.3을 번거롭게 외울 필요 없습니다. 우동과 소멘의 차이가 무엇이냐의 구분 정도로만 이해하면 됩니다. 일본 식당에 버니어 캘리퍼스를 가지고 다니며 우동 굵기를 재는 번거로운 여행을 할 생각은 전혀 없으니까요.

참고로, 일본 소멘, 한국 소면의 소는 '흴 소(素)'입니다. 하얀 밀가루로 만들어 소면(素麵)이지 굵기가 얇다는 의미의 소면(小麵)은 아닙니다. 처녀 귀신이 입는 하얀 소복(素服)의 소와 같은 한자입니다.

소바(蕎麦,そば)는 메밀(재료), 메밀로 만든 면(면), 메밀면으로 만든 국수(요리) 모두를 의미하는 단어입니다. "소바(메밀)로 소바(면)를 만들고 소바(면)를 삶아 소바(음식)를 만든다."라는 문장을 이해하면 됩니다.

소바는 메밀 100%로 만들 수도 있지만, 찰기가 없는 메밀로 면을 만들면 툭툭 끊어지는 경향이 있어 밀가루를 섞어 만들기도 합니다. 메밀 100%로 만든 면을 우리는 '순메밀면'이라고 하고 일본에서는 '주와리소바(十割蕎麦)'라고 부릅니다. 와리(割)는 야구 타율 할푼리에서의 '할'입니다. 주와리(十割), 10할이니 메밀 100%를 사용했다는 뜻입니다. 메밀 80% + 밀 20%로 만든 소바는 2:8 소바라는 의미로 니하치소바(二八そば)라고 합니다.

그렇다면 소바라고 부르려면 메밀을 얼마나 사용해야 하는 걸까요? 설마 메밀 10% + 밀 90%로 만든 면을 소바라 하지는 않을 것입니다. 일본공정경쟁규약에 따르면 소바는 생면의 경우 메밀을 30%

주와리소바와 니하치소바

이상 사용해야 합니다. 하지만 소바 가게 협회에선 자체적으로 조금 더 엄격하게 메밀 70% 이상을 소바라고 정의하고 있습니다. 명색이 소바의 본고장인데 메밀 30%짜리를 소바로 팔기 좀 민망하잖아요. 한 가지 예외가 있습니다. 오키나와 소바입니다.

일본 최남단 섬 오키나와의 역사는 조금 복잡합니다. 류쿠 왕국(1429년-1879년), 일본 합병(1879년), 일본 패망 후 미군 통치(1945년-1972년), 일본 반환(1972년). 오키나와가 일본에 반환된 후 그들이 먹던 스바(소바의 오키나와 사투리) 호칭에 문제가 생겼습니다. 일본 본토 소바는

100% 밀면 오키나와 소바

메밀 30% 이상이어야 하는데 오키나와의 스바에는 메밀이 들어 있지 않습니다. 미군 통치 시절의 오키나와는 일본이 아니었으므로 뭐라 부르든 문제가 없었지만 1972년 일본 반환 이후부터 오키나와의 소바는 일본의 소바 규정에 어긋난 명칭이 되어 버린 것입니다. 논란과 클레임 끝에 결국 1978년부터 일본 본토의 소바와 구별하기 위해 '오키나와 소바'라는 특수 명칭이 허용되었습니다.

소바의 구체적 기준이 없던 시절에는 일본 본토에서도 메밀로 만들지 않은 면 요리를 소바라고 부르기도 했습니다. 명칭의 흔적을 중화소바(中華そば)와 야키소바(焼きそば)에서 찾을 수 있습니다. 중화소바는 라멘, 야키소바는 중화면입니다. 둘 다 메밀면이 아님에도 소바 명칭을 사용합니다만, 한자 '소바(蕎麦)'로는 표기하지 않습니다. 일본 식품위생법에서 허용하지 않아서입니다. 대신 히라가나 '소바(そば)'로 표기합니다.

중화소바는 라멘의 옛 이름입니다. 1868년 메이지유신 이후 요코하마, 나가사키 등에 차이나타운이 형성되었고 중국 면 요리가 유입되었습니다. 일본 현지화된 형태의 중국식 면 요리를 시나소바(支那蕎麦), 난킹소바(南京蕎麦)로 불렀습니다. 시나(차이나), 난킹(남경) 모두 중국을 의미하는 단어입니다. 이후 시나(차이나)라는 단어에

지금도 가끔 보이는 중화소바 (中華そば) 간판

철판 위에서 지지고 나중에 섞어 먹는 야키소바

중국을 비하하는 어감이 있어 중화소바로 부르게 되었고, 중화소바는 라멘이라는 이름으로 정착되었습니다만 지금도 그 흔적으로 중화소바 간판을 걸어놓은 음식점이 가끔 보입니다.

"더운데 시원한 소바 한 그릇 먹어볼까?"라며 중화소바 가게에 들어가면 본의 아니게 뜨거운 음식을 먹고 나올 수 있습니다. 라멘 파는 가게입니다.

야키소바(焼きそば)는 볶음면입니다. 중국의 볶음면 차오미엔(炒面)에서 온 음식입니다. 메밀면을 쓰지 않고 중화면을 사용합니다. 중화면을 숙주, 양배추, 돼지고기, 소스와 함께 볶은 면 요리입니다. 야키소바는 소바라는 명칭도 맞지 않고 볶음면이니 야키(구이)라는 명칭도 맞지 않는 재미있는 이름입니다. 주로 포장마차, 길거리, 오코노미야키 가게에서 파는데 주문 들어올 때마다 면을 일일이 삶기 번거로우므로 미리 익혀서 기름 코팅을 해 둔 야키소바 전용 면을 사용합니다.

　오코노미야키 가게에서 야키소바 만드는 것을 본 적이 있습니다. 야키소바 전용 면을 철판 위에서 마구 못살게 볶아대는 조리법이 아니라 철판 위에 얌전히 널어놓고 지지는 조리법에 가깝기에 어쩌면 볶음면이라는 표현보다 '철판에 구운 면'이라는 표현이 더 정확할 수도 있겠다는 생각을 했습니다.

✱ 소바와 우동의 종류

　소바와 우동 명칭은 겹치는 경우가 많으므로 소바 따로, 우동 따로 언급하지 않고 한꺼번에 설명하겠습니다. 소바나 우동 면을 적셔 먹는 '쯔유'에 대해선 79쪽에서 잠시 소개한 바 있습니다. 쯔유는 액체지만 면과 함께 마시는 용도가 아닙니다. 맛있게 먹기 위해 간을 맞추는 보조 역할일 뿐이므로 일본 사람들은 쯔유를 마시지 않습니다. "당신은 쯔유를 마셔본 적이 있나요?" 왜 없겠

부먹 형태의 붓카케소바(우동) vs 찍먹 형태의 모리소바(우동)

습니까. 무쇠라도 소화 시킬 50대 아저씨라 마셔본 적 있습니다. 한 입 마셔보면 왜 마시는 것이 아닌지를 0.5초 만에 알게 됩니다. 아주 짧습니다. 일본에서 쯔유는 면에 부어 먹거나(부먹) 면을 쯔유에 찍어 먹는(찍먹) 용도입니다. 소바(우동)도 탕수육처럼 부먹/찍먹이 있습니다. 물론 그들은 부먹/찍먹 논쟁을 하진 없습니다. 둘 다 파니까요.

원래 소바는 넓은 접시에 면을 담고 젓가락으로 집어 작은 그릇에 담긴 쯔유에 찍어 먹는 찍먹 스타일이었습니다. '쯔'유에 '찍어', 외우기 쉽습니다. 그렇게 먹다가 누군가 한 젓가락씩 찍어 먹는 것이 귀찮았는지 대접에 소바를 담고 쯔유를 면에 부어 먹기 시작했습니다. 혹은 포장마차에서 그릇이 모자라 그릇 하나에 면도 담고 쯔유도 담아 팔기 시작했다는 이야기도 있습니다. 그런 부먹 스타일의 소바를 '붓카케소바(ぶっかけそば)'라고 불렀습니다. '부먹은 붓카케'라고 외우면 됩니다. '가케루(掛ける)'는 '걸다'는 뜻입니다. 掛(걸 괘), 괘종시계의 괘입니다. 음식 용어에서의 가케루는 뿌리다, 붓다는 뜻, 가루는 뿌리고 액체는 붓는 것이죠. '붓'은 강조하는 의미의 접두사입니다. 우리말 처먹다, 처바르다의 접두사 '처'와 비슷한 의미로 '마구', '세차게'라는 뜻입니다. 소량의 쯔유를 면이 담긴 그릇에 마구 부어 먹는 것이 붓카케소바입니다.

찍어 먹는 스타일의 소바만 있을 땐 그냥 소바라고 불러도 괜찮았습니다만 붓카케소바가 생겼기 때문에 기존의 찍먹 소바에 새로운 이름을 붙여야 했습니다. 딱히 적절한 이름이 떠오르지 않았나

쯔유를 면에 부어 먹는 붓카케소바(왼쪽), 면을 쯔유에 찍어 먹는 모리소바(오른쪽)

봅니다. '그릇에 담아 나온다'라는 아주 직관적인 이름을 붙여 '모리소바(盛りそば)'라고 불렀습니다. 모리(盛り)의 동사형 모루(盛る)는 '그릇에 가득 담는다'는 뜻입니다. 우리말 한자 盛는 '성할 성' 입니다. 풍성하게 그릇에 담긴 음식을 상상하면 됩니다. "모리소바 그릇에 가득 안 담아 주던데요?"라는 질문 금지. 고 이주일 아저씨가 이럴 때 외치라고 명언을 남겼습니다. 따지냥!

18세기쯤입니다. 한 소바 가게에서 대나무 소쿠리에 모리소바를 담아 팔기 시작했습니다. 일반 접시에 담은 다른 가게의 모리소바는 밑에 물기가 축축하게 남아있곤 했는데 대나무 소쿠리에 담은 모리소바는 면의 물기가 아래로 쭉 빠져 촉촉하면서 질척거리지 않는, 먹기 딱 좋은 느낌이었습니다. 소쿠리 자체도 기존의 접시보다 고급스러운 느낌이라 다른 가게에서도 대나무 소쿠리에 소바를 담기 시작했는데, 이를 기존의 모리소바와 구별하기 위해 소쿠리 조(笊, 대나무

'모리'가 들어간 음식 관련 용어들을 소개합니다. 오오모리(大盛り)는 곱빼기, 사시미모리아와세, 덴푸라모리아와세의 모리아와세(盛り合わせ)는 큰 접시에 한 번에 담은 사시미모듬, 덴푸라모듬입니다. 모리소바는 담아 나오는 소쿠리에 따라 모리, 자루, 그리고 세이로 3가지 이름으로 불립니다.

모리(盛り) : (가득)담다
자루(笊) : 소쿠리 조(笊)
세이로(蒸籠) : 찔 증(蒸) + 바구니 농(籠)

죽(竹) + 손톱 조(爪). 예전 쌀 씻을 때 사용했던 조리의 조입니다), 일본어로 '자루'를 붙여 '자루소바'라 불렀습니다. 19세기 후반 이후에는 '우리 자루소바는 고급'이라는 콘셉트로 당시 고급 식재료였던 김을 소바 위에 얹어 주기 시작했습니다. "우리 가게의 자루소바는 물이 홍건하지 않아 김을 얹어도 눅눅해지지 않습니다."라는 퍼포먼스였기도 합니다.

자루소바와 모리소바는 원래 담은 그릇의 차이였으나, 요즘에는 그릇의 차이가 없습니다. 굳이 모리소바를 물이 홍건히 고이는 접시에 담아 줄 이유가 없으니까요. 괜히 메뉴판 페이지만 늘어나니까 자루소바/모리소바를 구분하여 둘 다 팔진 않고 자루소바만 파는 경우가 많습니다. "둘 다 파는 곳이 없는 거야?" 아주 가끔 한국 분식집 같은 퍼블릭한 소바 가게에서 자루소바/모리소바를 둘 다 파는 곳이 눈에 띄긴 합니다. 그런 가게들은 자루소바에 김을 얹어 주었던 습관대로 모리소바에는 김이 없고 자루소바에는 김이 올려져 나오는 차이를 둡니다. 정리하자면, 자루소바와 모리소바의 차이는 원래는 그릇의 차이였으나, 지금은 김 유무의 차이라 생각해도 됩니다.

어느 겨울 도쿄 시부야 한 골목에서 모리소바와 자루소바를 둘 다 파는 곳을 발견했습니다. 오전 10시. 호텔의 조식을 먹었지만, 사진을 찍기 위해 과감히 소바 가게에 들어가 모리소바와 자루소바를 2개 주문하였습니다. 모리소바 320엔, 자루소바 370엔. 아마 자루소바에 김을 얹어 주기 때문에 50엔 더 비싸다고 생각했습니다. 둘 다 주문하자 예상대로 종업원이 "당신 주문 제대로 한 거 맞나요?"라며 주문을 확인하였습니다. 그딴 식으로 둘 다 한꺼번에 주문하는 사람이 창업 이후 한 번도 없었을 것이니까요. 모리소바와 자루소바가 나왔습니다. 예상대로 모리소바와 자루소바의 차이는 김 유무였고 그릇, 쯔유의 차이는 전혀 없습니다.

모리소바와 자루소바의 차이는 김 유무

세이로소바(蒸籠そば)는 찜 편에서 자세히 설명하였습니다. 세이로(蒸籠)라는 찜바구니에 담아 나온 소바(우동)입니다.

붓카케, 모리/자루/세이로소바(우동)는 차가운 소바(우동)입니다. 그런데 일본도 사계절이 있는지라 그들도 추운 겨울이 되면 따끈따끈한 국물에 담긴 소바를 먹고 싶었겠지요. 쯔유를 덜 짜게, 덜 진하게 희석하여 뜨거운 국물 형태로 만들어 소바나 우동에 가득 부어 먹는 스타일을 붓카케의 접두사 '붓'을 빼고 '가케(掛け)우동(소바)'라고 불렀

가케우동, 희석한 국물을 그릇에 부어(가케, 掛) 나옴(왼쪽)
붓카케우동, 진한 쯔유를 소량 뿌려 나옴(오른쪽)

가마아게우동

습니다. 갈색 국물에 면만 담겨 있으면 좀 심심하고 덜 먹음직스러우니까 아주 간단한 토핑을 얹어 나오기도 합니다. 예전 우리나라 국수 가게에서 팔던 각기우동이 가케우동에서 온 이름입니다.

우동의 경우 면발에 집중하기 위해 쯔유를 전혀 섞지 않은 채 가마솥에서 건져 올린 상태 그대로를 면수와 함께 담아 나오는 형태도 있습니다. 가마아게우동(釜揚げうどん)입니다 . 가마(釜)에서 건져 올렸(揚)다는 의미입니다. 날릴 양(揚) 자는 보통 아게모노(揚物), 튀김이라는 의미로 보면 되지만 여기서는 튀김이 아니라 건져 올린다는 뜻입니다. 물론 면을 찍어 먹는 쯔유를 줍니다. 가마아게소바는 없는 것 같습니다.

붓카케, 가케, 모리, 자루, 세이로, 가마아게는 담는 형태와 그릇 모양대로 붙인 이름이고 재료 명칭이 들어가 있지 않습니다. 나열한 소바(우동) 앞에 토핑한 재료 이름을 붙이면 아주 다양한 면 요리가 됩니다. 자루우동에 튀김(텐)을 올리면 텐자루우동, 붓카케소바에 새우튀

교토 명물 니싱소바(청어소바), 가케   토리텐붓카케우동, 토리텐(とり天, 닭튀김)

가키아게자루소바, 가키아게(かきあげ, 야채튀김)

토로로붓카케소바 vs 야마카케카케우동

김을 얹으면 에비텐붓카케소바, 이런 식으로 아주 다양한 소바와 우동이 있습니다.

가키아게는 야채, 작은 새우, 오징어 등을 잘게 잘라 둥글게 만들어 튀긴 음식으로 소바나 우동 토핑에 많이 사용합니다. 한국 분식집에서 파는 야채튀김입니다. 가키아게(掻き揚げ)의 가키(掻)는 '긁다'는 뜻입니다. 잘게 썬 재료들을 둥글게 긁어모아 튀긴다는 의미입니다. 우리말 한자로는 '긁을 소', 예를 들어 가려워 긁는 증상의 소양중의 중입니다.

일본에서 인기 있는 메뉴로 참마를 갈아 올린 소바(우동)도 있습니다. 참마의 일본어는 나가이모(長芋) 혹은 야마이모(山芋)입니다. 마를 갈아서 끈적거리게 만들면 토로로(とろろ)입니다. 참마를 '올렸다'는 의미로 야마카케(山掛(け))소바(우동)라고도 하고 토로로소바(우동)라고도 합니다. 쯔유를 소량 부은 붓카케 스타일일 수도 있고 희석한 국물 형태로 만들어 따뜻하게 나오는 가케 스타일일 수도 있습니다.

✱ 여우와 너구리, 키츠네와 타누키

소바/우동에 동물 이름을 붙인 경우도 있습니다. 키츠네소바(우동) vs 타누키소바(우동)입니다. 키츠네(きつね)는 여우, 타누키(たぬき)는 너구리입니다. 둘 다 기본적으로 뜨겁게 먹는 가케소바(우동) 스타일입니다.

키츠네소바(우동)는 큰 유부가 들어간 소바(우동)입니다. 유부의 색

타누키소바, 키츠네소바

깔이 여우 털색과 비슷하여 유부가 들어간 것을 키츠네라 부른다고
도 하고, 곡식, 풍요를 관장하는 이나리신(稲荷神)을 모신 이나리신사
를 지키는 동물이 여우인데 여우가 유부를 좋아한다는 전설 때문에
유부우동/소바를 키츠네라 부른다고도 합니다. "아니, 여우가 무슨
유부를 좋아한다고?", "여우가 유부 먹는 거 본 적 있어?"라고 과학
적으로 따지진 맙시다. 호랑이는 담배를 피지도, 떡을 먹지도 않지
만 우린 어릴 때부터 그렇다고 믿고 살았잖아요.

주황색 기둥이 아름다운 교토의 후시미이나리신사에 가면 신사
를 지키는 여우의 모습이 여기저기 보입니다. '이나리신-여우-유부'
를 외우면 됩니다. 유부초밥은 키츠네스시가 아닌 이나리즈시(いな
り寿司)라고 1장에서 설명하였습니다.

타누키소바(우동)는 튀김 부스러기가 들어간 소바(우동)입니다. 튀
김을 만들면 5, 6밀리미터 크기의 둥그런 튀김 부스러기가 생깁니

후시미이나리신사와 신사를 지키는 여우

다. 그걸 모아놓은 것이 '텐카스(天かす)'입니다. 지금은 텐카스만 따로 팔기도 하는데, 튀김(天) 찌꺼기(滓)라는 뜻입니다. 국수 가게에서 튀김을 같이 팔면서 쌓여만 가는 텐카스를 활용할 방법을 찾다가 가케소바(우동) 토핑용으로 얹어 팔았습니다. 볼록한 텐카스가 너구리의 배를 닮았다고 하여 타누키소바(우동)라 이름을 붙였다고 합니다만, 그것보다는 '근본 재료 없이 튀김 부스러기만'이라는 의미로 '근본(種, 타네)을 뺀(抜き, 누키)', 타네누키라 불렀고 이를 줄여 타누키로 불렀다는 것이 더 합리적인 설명인 것 같습니다. 하지만 우린 언어학자가 아니므로 외우기 쉬운 스토리를 기억하면 그뿐입니다.

　누키(抜き)는 음식점에서 주문할 때 가끔 사용하는 단어입니다. 예를 들어 태국 음식점에서 고수를 빼달라고 할 때 "팍치(パクチ, 고수) 누키(抜き), 오네가이시마스(부탁합니다)."라고 말하면 됩니다. 몇 년 전 나폴리탄 파스타 먹으러 자리에 앉았는데 옆 테이블의 60대 아저씨가 나폴리탄을 주문하면서 "다마네기 누키."라고 말하는 것을 들었습니다. "양파 빼주세요."라는 주문입니다. 이 말을 알아듣고 뿌듯했던 것 같습니다. 그나저나 어른이 골고루 먹어야지 편식하고 말입니다. 전 평생 무언가를 추가해 먹은 적은 많아도 빼달라고 요청한 적은 한 번도 없는 것 같습니다.
　키츠네, 타누키 등 동물 이름이 들어간 음식이라 먹음직스럽지 않다고 생각할 수 있습니다만 세상엔 그런 음식들이 제법 있습니다. 이것저것 넣어 만든 파이(pie)도 둥지에 온갖 잡동사니를 모아놓는 까치(magpie)에서 온 이름이고, 핫도그(hotdog)엔 개고기가 들어가지 않습니다. 순대 먹을 때 나오는 돼지 위장도 오소리감투라는 동물 이름이 붙어 있습니다만 식욕을 떨어뜨릴 정도는 전혀 아닙니다.

키츠네/타누키 관련하여 주의 사항이 하나 있습니다. 간사이, 특히 오사카에서는 소바보다 우동을 먹어왔는데(관서우동 관동소바), 유부 올린 키츠네우동을 그냥 '키츠네'라고 불렀습니다. 그럼 키츠네소바는? 그들은 유부 올린 소바를 키츠네소바라 부르지 않고 희한하게 타누키소바라고 부릅니다. 우동을 먹던 그들이 '소바 따위에 키츠네라는 이름을 붙일 수는 없다'라고 생각했을 수도 있겠습니다만 정확한 이유를 잘 모르겠습니다. 어쨌건 간사이에서는 키츠네우동은 있어도 키츠네소바라는 음식은 없습니다.

오사카 동쪽 나라 시의 한 소바 가게에 들어가서 타누키소바를 주문한 적이 있습니다. 타누키소바라고 메뉴판에 있어서 냉큼 주문하였는데 유부가 들어간 키츠네소바가 나왔습니다. 음식이 잘못 나왔다고 말하려

오사카의 타누키소바

고 메뉴판을 다시 확인했는데 키츠네소바라는 메뉴 자체가 없었습니다. 주인 할머니께 어설픈 일본어로 "와따시와 타누키소바오 쥬몽(주문)시마시따." 라고 말했더니 그녀가 제게 오사카에는 키츠네소바라는 음식은 없고, 당신이 아는 유부소바를 타누키소바라 부른다고 웃으며 알려주었습니다.

키츠네우동(きつねうどん), 타누키소바(たぬきそば) 둘 다 유부 우동/소바로 메뉴판에 키츠네소바(きつねそば)는 없음

오사카로 돌아온 다음 날, 아침 산책 중 호텔 근처에 아침부터 영업하는 소바 가게가 보였습니다. 정말 키츠네소바 메뉴가 없는지 확인하기 위해 소바 가게에 들어가 벽에 걸린 메뉴를 살펴보았습니다. 역시 키츠네우동은 있어도 키츠네소바는 없었습니다. 키츠네우

타누키소바(왼쪽) vs 키츠네우동(오른쪽)

동과 타누키소바 2개를 주문하였습니다. 또 예상대로 종업원이 다가와 '당신 맞게 주문한 것이냐' 확인하였고 주문한 음식 2개가 나왔습니다. 간사이 지역에서만큼은 유부 우동이 키츠네우동, 유부 소바는 타누키소바입니다.

소바를 먹을지 우동을 먹을지 고민될 땐 저나 심동석 같은 사람들은 아무런 양심의 가책 없이 2개 다 주문합니다만 대부분의 정상적인 사람들은 둘 중 하나만 먹습니다. 한국의 짬짜면 같은 메뉴가 있으면 좋겠는데 일본에서는 소우멘같은 음식을 팔지 않습니다. 집에서 한번 세계 최초의 짬짜면 오마주, 소우멘(소바 + 우동)을 만들어보았습니다. 이런 음식 팔면 일본에서도 대박 날 것 같지만, 당분간 그냥 두 개 다 시켜 먹으며 다니겠습니다.

소바 + 우동, 세계 최초의 짬짜면 오마주

라멘(ラーメン)

    일본의 라멘과 한국의 짜장면은 공통점이 있습니다. 20세기 초반 중국의 면 요리가 건너와 현지화된 음식이라는 것입니다. 라멘과 이름이 같은 란저우라미엔(兰州拉面), 짜장면과 같은 이름의 자장미엔(炸酱面)이 중국에 있습니다만 란저우라미엔과 라멘(ラーメン), 자장미엔과 짜장면은 전혀 다른 음식입니다. 그래서 일본 사람들은 라멘을 일본 음식이라 생각하고 한국 사람들은 짜장면을 한국 음식이라 생각합니다.

    한국 라면과 일본 라멘도 비슷하지만 다른 음식입니다. 우리나라 최초의 라면은 1963년 첫 출시된 삼양라면입니다. 일본 묘조식품(明星食品)의 기술을 배워 만들었고 이후 라면은 우리의 생필품이 되었기 때문에 한국의 라면은 인스턴트가 많습니다. 반면 일본 라멘은 육수를 끓이고 생면을 삶고 고기, 야채 토핑을 올린 수

중국의 란저우라멘 vs 일본 라멘

중국 자장미엔 vs 한국 짜장면

제 라멘이 최초 인스턴트 라멘 출시일(1958년)보다 50년 이상 앞섰기에 일본 라멘의 메인은 인스턴트 라멘이 아닌 라멘 가게의 수제 라멘입니다.

누군가 이렇게 말했습니다. "라멘 한 그릇 속에는 서양 코스 요리가 모두 들어가 있다." 오, 듣고 보니 확 와닿는 표현입니다. 스프(라멘 스프), 전채 요리(야채 토핑), 탄수화물(면), 단백질(계란, 차슈)까지, 라멘 한 그릇에 디저트를 뺀 코스가 다 들어 있으니까요. 계산대 앞에 놓인 사탕까지 치면 디저트까지 완벽한 코스 요리일 수 있겠습니다. 지금 일본 라멘 한 그릇의 철학을 예찬하고 싶은 것은 아닙니다. 육수를 우리고 간장/소금/된장으로 간을 하고 야채와 고기 토핑을 얹는 라멘 한 그릇 속의 재료 이름을 일본어로 외우면 우리가 먹는 식재료 이름의 50% 이상을 알 수 있다는 점을 강조하고 싶을 뿐입니다.

우선 라멘 스프부터. 같은 면 요리임에도 우동/소바의 국물은 쯔유, 라멘 국물은 스프(スープ)입니다. 영어 soup에서 온 단어라 히라가나로 쓰지 않고 가타카나로 표기합니다. 라멘 스프는 쯔유와 달리 라멘 한 그릇의 아주 중요한 역할을 담당합니다. 쯔유는 시판되는 상품을 사용하는 경우가 많지만 라멘 스프만큼은 가게 주인마다 심혈을 기울여 재료를 아끼지 않고 정성껏 만듭니다. 그래서 국물을 잘 먹지 않는 일본 사람들도 '라멘 완식(ラーメン完食)'이라는 표현이 있을 정도로 마지막 국물 한 방울까지 다 마시기도 합니다. 국물까지 다 마셔야 보이게끔 그릇 바닥에 '완식 감사합니다', '내일도 기다리고 있겠습니다' 등의 재미있는 문구가 적혀 있다고 하는데, 생각해 보니 단 한 번도 라멘 완식을 한 적이 없었습니다. 다음 일본 여행 땐 완식에 도전해 보겠지만, 완식 자꾸 하다가는 위험할 수도 있다는 생각이 듭니다.

라멘 스프의 종류는 크게 4가지입니다.

쇼유 (醬油) : 간장

시오 (塩) : 소금

미소 (味噌) : 된장

돈코츠 (豚骨) : 돼지뼈

쇼유라멘(醬油ラーメン) vs 미소라멘(味噌ラーメン)

시오라멘(塩ラーメン) vs 돈코츠라멘(豚骨ラーメン)

일본 최초의 라멘 가게 라이라이켄(来々軒), since 1910. 간판에 支那蕎麦(시나소바)라 적혀 있다. 시나는 중국(차이나)라는 뜻
출처: 요코하마 라멘박물관

　　메이지유신 이후 중국인들이 일본에 건너오자 기존의 우동/소바가 아닌, 중국 스타일의 국수를 파는 곳들이 생겼습니다. 주로 포장마차에서 노동자들을 대상으로 팔았습니다. 그러다 한 일본인 아저씨가 화교 요리사 13명을 모아 1910년 도쿄 아사쿠사에 가게를 냈습니다. 라이라이켄(来々軒)입니다. 여러 중국 요리를 팔았는데 특히 우동/소바 쯔유에 절대 들어가지 않았던 돼지뼈, 닭뼈로 육수를 만들고 쇼유(간장)로 간을 맞춘 국수 요리를 팔았습니다. 간장 베이스인 쇼유라멘의 시초입니다. 당시 이름은 쇼유라멘이 아닌 '시나소바(支那蕎麦)'였습니다.

　　라이라이켄이 중국 노동자들만 먹던 포장마차 국수를 시나소바로 정착시킨 후, 많은 사람이 이곳을 찾았습니다. 명절 땐 하루 3천명 손님이 왔다고 기록되어 있습니다. 아쉽게도 이곳은 1976년 후

계자가 없어 폐업했습니다만 그 흔적을 신요코하마 라멘 박물관에서 찾을 수 있습니다. 라멘 박물관 지하에 가면 타임머신을 타고 20세기 초반으로 날아간 것 같은 분위기의 공간에서 7, 8곳의 라멘 가게를 만날 수 있는데, 그곳에서 3천 명 중 한 명이 되어 라이라이켄을 만날 수 있습니다.

일본 최초의 라멘, 일본 최초의 쇼유라멘이 궁금했습니다. 긴 줄

신요코하마 라멘 박물관 지하 1층

라이라이켄 라멘 가게

을 서서 기다렸습니다. 핸드폰 없었으면 어쩔 뻔. 라멘의 특성상 사람들이 빨리 먹고 나오기 때문에 생각보다 일찍 입장하였습니다. 에비스 병맥주 한 병 주문. 이유는 그것만 팔기 때문이었습니다. 시나소바 한 그릇이 나왔습니다. 원조 시나소바를 먹어본 적이 없어 오리지널 레시피인지는 잘 모르겠습니다만 라이라이켄이라는 이름을 달고 영업하는 만큼 최대한 옛날에 만들던 방식을 재현해서 만들었겠지요. 쇼유로 간을 한 돼지고기 육수 베이스의 스프는 탁하지 않은, 깔끔한 맛이었습니다.

쇼유(醬油), 우리 한자로는 '간장/고추장의 장(醬) + 기름 유(油)'입니다. 우리는 간을 맞추는 장이라는 의미로 간장이라고 하고, 일본과 중국에서는 '장유醬油'라고 부릅니다. 기름이 아닌데 기름이라 표현한 것이 재미있습니다. 어쨌건 액체니까요. 라이라이켄의 흔적은 이곳 요코하마 라멘 박물관 말고도 일본 전역에서 찾을 수 있습니다. 박물관 최신 자료에 의하면, 2020년 기준 171곳에서 라이

요코하마 라멘 박물관의 라이라이켄 라멘

라이켄 간판을 걸고 영업하고 있다고 합니다. 시나소바라는 말은 잘 안 쓰니까 중화소바를 팔겠지요? 설마 라이라이켄 간판을 걸고 순두부찌개를 팔진 않겠지요. "아사쿠사의 라이라이켄을 계승한 곳이 우리다."라고 주장하는 곳이 딱히 없는 걸로 봐서 다들 이름만 빌려 영업하는 곳일 것 같습니다만, 여행 중 마주치게 된다면 "라이라이켄이 일본 최초의 라멘 가게였고 소유라멘을 팔았던 곳이다."라고 옆 사람에게 아는 체 한 번 하면 충분하겠습니다.

신요코하마 라멘 박물관 지하에서 라멘을 먹고 1층에 올라오면 일본 라멘의 역사에 관한 자세한 내용이 전시되어 있습니다. 삿포로 미소라멘의 원조 아지노산페이, 즈케멘 원조 도쿄 다이쇼켄, 이에케라멘 총본산 요시무라야 스토리도 알기 쉽게 정리되어 있습니다만, 외국어 난독증이 있어 귀국해서 공부하기로 하고 사진만 찍어 왔습니다.

✱ 미소라멘의 원조 삿포로 아지노산페이

미소라멘(味噌ラーメン)의 원조는 삿포로의 아지노산페이(味の三平)입니다. 1950년 창업 이후 지금도 영업하는 곳입니다. 삿포로 시내에 있어 접근성이 좋습니다만 우리가 상상하는 노포의 선입견, 즉 백 미터 앞에서도 보이는 창업자 사진이 걸린 간판, 허름한 단독 건물, 입구에 늘어선 긴 줄을 상상하면 안 됩니다. 센트럴 빌딩 4층의 작은 공간에 영업장이 있어 "구글은 여기쯤이라고 하는데 왜 라멘

센트럴 빌딩 4층에 올라가 이 노렌(천으로 만든 간판)을 찾아야 함

가게가 안 보이는 거야?"라며 빌딩 주변을 두 바퀴 돌다가 "설마 이 빌딩에?"라며 겨우 찾았던 기억이 있습니다.

미소라멘의 '미소(味噌)'는 일본 된장입니다. 우리말 된장은 되직한 장이라는 뜻입니다. 맛 미(味) 한자만 외웠습니다. 소(噌)에 특별한 뜻은 없는 것 같습니다. 어떤 단어에서 한자의 의미가 통하지 않을 땐 '음차'로 이해하면 됩니다. 미소(味噌) 한자만 미소를 머금고 눈에 담아 두는 걸로.

어느 2월, 낮술 여러 잔 곁들여 얼큰하게 점심을 먹은 이재천 군과 전 해장 겸 식사 겸 아지노산페이에 들어갔습니다. 흰 모자, 흰 바지, 흰 난닝구로 통일한 직원들의 안내를 받아 자리에 앉아 일단 홋카이도 한정판 맥주 삿포로클래식 한 캔씩 주문하였습니다. 미소/소유/시오 3종의 라멘이 있지만 이곳에 처음 왔다면 당연히 미소라멘을 주문해야 합니다. 미소라멘의 원조니까요. 한국 사람들은 이상하게 똑같은 메뉴 2개를 시키면 어색해하는 경향이 있습니

확실히 해장이 필요해 보입니다

다. 중국집에서도 너가 짜장이면 난 짬뽕, 이런 식이죠. 음식을 쉐어하는 습관 덕분인 것 같습니다. 하지만 이곳에선 묻지도 따지지도 말고 미소라멘 각자 한 그릇씩. 설마 같은 메뉴 시키고 반쯤 먹다 바꿔 먹는 사람은 없겠지요.

된장 베이스지만 짜지 않고 숙주, 멘마, 양배추 토핑이 올려져 있습니다. 면은 곱슬곱슬한 '치지레멘(縮れ麺)'을 사용합니다. 치지레(縮れ)의 縮은 '줄일 축', 축지법, 축소의 축입니다. 물건이나 면을 줄이

아지노산페이의 미소라멘. 곱슬곱슬한 치지레멘을 사용함

다 보면 주름이 생기겠지요. 치지레멘은 곱슬면, 삿포로 라멘 특유의 면 스타일입니다. 곱슬곱슬한 치지레멘이 된장 스프와 잘 얽혀 맛있고 짭짤한 촉촉함을 잘 머금고 있습니다. 이런 면 스타일을 고안해 낸 사람이 창업자 오미야 모리토 할아버지입니다. 가게 한쪽 벽에 사진이 걸려 있습니다.

이 할아버지는 미소 라멘을 처음 만든 분이기도 합니다. 평소 된장이 몸에 좋다는 것이 지론이었기에 라멘 한 그릇에 건강을 넣기 위해 미소라멘을 개발하였습니다. 사람들은 흔히 '홋카이도 사람들이 추운 날씨를 견디기 위해 칼로리 높은 된장을 라멘에 넣었다'고 알고 있는데, 그냥 단순히 몸에 좋은 식재료를 사용한 것입니다. 홋카이도에 가보면 건조해서 생각보다 춥지도 않습니다.

미소라멘의 정식 판매는 1954년부터입니다. 모리토 할아버지는 라멘을 완벽한 한 끼 식사로 생각했다고 합니다. 영양 균형 목적으로 숙주, 멘마, 양파 등을 라멘 토핑으로 썼습니다. 피망도 건강에 좋다고 생각해서 라멘에 넣기도 했는데 손님들이 싫어해서 뺐다고 아지노산페이 홈페이지에 적혀 있습니다. 아이참.

삿포로의 미소라멘이 전국구가 된 계기는 1965년 도쿄, 오사카의 다카시마야 백화점에서 열린 홋카이도 특산물 전시회입니다. 이 행사 이후 삿포로 라멘이 인기를 얻어 전국적으로 '삿포로 라멘 = 미소라멘'이라는 인식이 정착되었습니다. 한국에도 그런 음식의 예가 있습니다. 충무김밥입니다. 미소라멘과 충무김밥의 공통점은

삿포로 미소라멘과 통영 충무김밥은 우연히 전국구가 된 음식

'우연한 기회'에 전국구 음식이 되었다는 것입니다. 충무김밥도 국풍81 행사 때 어두이 할머니가 천막에서 팔았던 음식이었는데, 행사 이후 전국적으로 인기를 얻게 되었고 통영 사람들이 충무김밥을 즐겨 먹는 것이 아님에도 통영 = 충무김밥이 떠오르게 되었습니다.

맛있게 먹고 나오는 길, 사진 속의 모리토 아저씨는 주방 멀리서 라멘을 열심히 삶고 있었고, 카운터 자리 가까운 곳에 있던 아들로 보이는 총각과 눈이 마주쳐 웃으며 질문하였습니다. "아나따와 모리토상노 sun 데쓰까?"라는 어설픈 일본어 질문에 아들 아니고 손자라고 말하며 주방에 계신 나이 든 아저씨가 자기 아버지이자 모리토 상의 아들이라고 말했습니다. 그렇네요. 1950년 창업한 분이 2024년에도 라멘을 삶고 있진 않겠지요. 가끔 세월을 잊고 살곤 합니다. 신촌 노포의 추억들이 떠올랐습니다. 모녀가 운영하던 전설의 신계치(신라면 + 계란 + 치즈) 라면집에 오랜만에 가서 엄마만 계시길래 "따님은 요즘 안 나오시나 봐요?"라고 물어보면 "제가 딸이고 엄

난닝구가 어울리는 아지노산페이의 2대와 3대 아저씨, 앞줄 2명   출처: 아지노산페이 제공

마는 돌아가셨어요."라는 답변을 들었습니다. 아빠와 딸이 운영하던 냉삼의 원조 대구삼겹살에 가서 웬일로 사모님이 계시길래 "따님과 사장님은 오늘 안 보이시네요."라고 인사하면 "제가 딸이고 아빠 돌아가셨어요."라며 인사가 돌아옵니다. 그렇게 많은 시간이 흘러버렸습니다.

미소라멘 한 그릇 잘 먹었습니다.

✳ **전국구 돈코츠라멘(豚骨ラーメン) 잇푸도(一風堂)와 이치란(一蘭)**

어? 시오라멘(塩ラーメン)은 건너뛰나요? 넵. 건너뜁니다. 시오(塩)는 소금, '시오'를 줄이면 '소'라고 우기면 안 잊어버립니다. 시오라멘으로 가장 유명한 곳은 홋카이도 남단 하코다테입니다. '하코다테라멘=시오라멘'입니다만, 한 번도 못 가보았습니다. 그래서 딱히 쓸 말이 없습니다. 그러니 바로 돈코츠라멘으로 넘어가겠습니다. 돈코츠(豚骨), 돼지뼈입니다. 골/고츠, 비슷한 발음이죠. 돈코츠

라멘은 돼지뼈라멘입니다. 면 대신 밥을 넣으면 부산 돼지국밥과 비슷하고, 간수를 넣어 노랗고 딱딱한 라멘 대신 소면을 넣으면 제주 고기국수와 비슷합니다. 그래서 호불호가 강할 것 같은데도 한국 사람에게는 돈코츠라멘이 시오/쇼유/미소라멘보다 익숙한 것 같습니다.

돈코츠라멘의 본고장은 규슈입니다. 시오/쇼유/미소라멘에도 돼지뼈를 사용하는데 군이 이 라멘에만 돈코츠라멘이라는 이름을 붙인 것은 돼지 뼈를 센 불에 아주 오래 우려내어 만들어 뽀얗고 진득한 국물과 돼지 특유의 향이 독특하기 때문입니다. 규슈 뿐 아니라 일본 전역에 돈코츠라멘 가게를 쉽게 찾을 수 있습니다. 가장 유명한 돈코츠라멘 가게 2곳은 '잇푸도(一風堂)'와 '이치란(一蘭)'입니다.

돈코츠라멘은 마라탕처럼 아주 강렬한, 아니 강력하다는 표현이 더 어울리는 음식입니다. 마라탕은 얼얼함, 돈코츠라멘은 묵직함으

잇푸도 라멘(왼쪽), 이치란 라멘(오른쪽)

규슈 돈코츠라멘의 가는 면발과 동경 즈케멘의 두꺼운 면발 비교

로 어필하는 국물 음식인데 둘 다 해장용으로는 딱이지만 한 번 먹으면 일주일 정도 생각나지 않게 됩니다. 원래 어떤 음식 먹을 땐 '당분간그음식생각나지않게' 먹어줘야 합니다. 돈코츠라멘의 스프는 강렬합니다만 면발은 가느다랗습니다. 초창기 노동자들을 대상으로 팔던 음식이라 면을 빨리빨리 삶아 내기 위해서 가는 면을 사용한 것이 정착되어 그렇습니다. 도쿄 즈케멘 면발과 비교해 보면 거의 머리카락 수준입니다.

가느다란 면은 빨리 삶을 수 있다는 장점이 있지만, 곱빼기를 주면 다 먹기 전에 퍼져버리는 단점이 있습니다. 그래서 많이 먹는 한창훈같은 노동자들을 위해 처음부터 곱빼기를 주지 않고 면을 따로 더 삶아 주는 '면 추가' 시스템이 생겼습니다. '면 추가' 오더에 재미있는 표현을 씁니다. 접시에 내오는 추가 면을 구슬(玉, 다마)로 표현하여 '구슬을 교체한다'는 의미로 '카에다마(替玉)'라고 합니다. 우리말 한자 替는 '바꿀 체'입니다. 선수 교체, 계좌이체의 체입니다. 玉

는 구슬 옥인데 우리도 흔히 다마라고 부르곤 했습니다. 당구공을 당구 다마로 표현하여 "너 다마 몇 치냐?"라고 물었고, 백열등이 고장났을 때 "시어머님, 전구 다마 좀 갈아주세요."라고 표현하곤 했지요.

'체(替)'는 일본 여행 중 자주 마주치는 글자입니다. 동전 교환기에 적힌 両替機는 동전 두 개를(両) 바꾸는(替) 기계(機)라는 뜻이고, 매일 바뀌는 편의점 도시락 뚜껑에 적힌 日替弁当는 매일(日) 바뀌는(替) 벤또(弁当)라는 뜻입니다.

카에다마 주문할 때 주의 사항이 있습니다. 돈코츠라멘을 먹다 보면 5분쯤 뒤에 면을 떨렁 가져다주기 때문에 스프를 충분히 남겨두어야 합니다. 넋 놓고 먹다가 추가 면이 나오면 면을 말아 먹을 스프가 턱없이 부족한데 일본에서는 스프가 라멘의 중요한 부분이기 때문에 우리나라 부대찌개 집에서 라면 사리 넣고 육수 더 채워달라고 하는 식으

접시에 담은 추가 면을 구슬(玉)로 표현함

替玉2玉無料, 면 추가 2번 무료라는 뜻

동전교환기(両替機), 매일 바뀌는 도시락(日替弁当)

로 "라멘스프 모 히또츠(조금 더) 오네가이시마스."라고 말해보았자 이상한 아저씨 취급을 받을 수 있습니다. 역시 제 경험담입니다. 면 추가를 했는데 본의 아니게 면을 남은 스프에 찍어 먹는 즈케멘으로 먹게 되는 불상사가 생길 수 있으니 주의해야 합니다.

우리가 흔히 생각하는 곱빼기에 해당하는 표현은 오오모리(大盛り)입니다. '크게(大) 담음(盛り)'이라는 뜻으로 사시미모리아와세, 모리소바에서 설명한 바 있습니다. 오오모리를 주문하면 처음부터 그릇에

면을 곱빼기로 담아 줍니다. 스프를 아껴먹겠다는 긴장감 없이 편하게 들이켜도 됩니다.

2005년부터 일본에 다녔습니다. 30대 시절이라 어떤 음식이건 한 그릇은 항상 부족해서 배가 고팠지만, 그땐 오오모리라는 단어를 알지 못했습니다. 곱빼기 달라는 표현을 몰라서 양손을 크게 그리며 "라지 사이즈"라고 말하곤 했는데 종업원 10명 중 3명도 못 알아들었던 것 같습니다. 어쩔 수 없이 2개씩 시켜 먹었습니다. 세월이 흘러 50대가 된 지금은 오오모리를 알게 되었지만 제 몸이 곱빼기가 필요 없어져 오오모리라는 단어를 쓸 일이 전혀 없습니다. 오오모리와 카에다마는 20, 30대 가냘픈 한윤지 같은 여성분들에게 꼭 필요한 일본어 단어입니다.

카에다마(替玉) : 면 추가, 가는 면이 퍼질까봐 면을 나중에 추가해 줌
오오모리(大盛り) : 곱빼기, 처음부터 면을 많이 넣어줌

잇푸도와 이치란 메뉴판을 보면 각종 토핑을 추가할 수 있습니다. 토핑 재료 이름 외우고 넘어갑니다. 파는 네기(ねぎ)입니다. 파보다 양파를 먼저 외우는 게 쉽습니다. 양파는 구슬파라는 의미로 다마네기(玉ねぎ)입니다. 마늘은 닌니쿠(ニンニク)입니다. 왜 닌니쿠인지 아무리 찾아도 어원을 모르겠습니다. 그냥 외우는 걸로.

잇푸도의 토핑 선택 메뉴판과 이치란의 토핑 선택 카드

　　라멘 토핑 중 가장 흔한 두 개는 멘마(メンマ)와 차슈(チャシュ)입니다. 멘마는 중국 대나무 품종 마죽(麻竹)을 발효시켜 조리한 식재료입니다. 중국에서는 나물로 먹는데 일본으로 건너와 면 위에 올려 고명으로 먹게 되었습니다. 그래서 '면 위의 마죽'이라는 뜻으로 멘마(麵麻)라고 불렀습니다. 차슈(叉燒)는 습한 중국 광둥성 지역에서 보존을 목적으로 꼬챙이(叉)에 꿰어 건조한 고기를 구운(燒) 요리입니다.

멘마와 차슈

일본에서는 라멘 토핑 목적으로 돼지고기를 오래 삶은 후 졸이거나 절여 놓고 라멘에 올리기 전 얇게 썰어 토치로 구워 내놓곤 합니다. 차(叉)는 꼬챙이/포크라는 뜻으로 글자도 직관적으로 꼬챙이처럼 생겼습니다. 슈(燒)는 음독, 훈독으로는 야키(구이)라고 1장에서 설명 하였습니다.

토핑 계란은 두 가지입니다. 아지타마고(味玉子)와 온센타마고(温 泉玉子)입니다. 아지타마고는 맛(味) + 계란(玉子) 입니다. 반숙 계란을 달달한 맛간장에 절인 것입니다. 半熟煮玉子, 반숙(半熟) 조림(煮) 계 란(玉子)이라고도 하는데 조림 아니고 절임입니다. 졸이면 노른자 가 익어버리니까요. 온센타마고는 온천(温泉) + 계란(玉子)입니다. 예 전 일본 온천 마을에서 계란을 온천수에 오래 담갔다 꺼내면 흰자 는 단백질 일부가 응고되어 흐물흐물, 노른자는 끈적끈적해지는 특 이한 형태로 변했습니다. 이 변화를 과학적으로 분석해 보니, 흰자 의 단백질은 60~80도에서 익고 노른자는 70도에서 익기 때문에 계 란을 65도의 물에 1시간 담가 놓으면 생기는 현상입니다. 온천 마 을의 온천수 온도가 65도 정도였기에 온천 계란이 만들어질 수 있 었겠지요. 한국에선 흔하지 않은 계란 조리법이라 온천 계란이라고 하면 손님들이 못 알아듣기 때문에 '수란'으로 파는 경우가 많습니 다만 수란과 온천 계란은 조리법이 다른 음식입니다.

목이버섯채도 흔한 라멘 토핑 재료입니다. 목이의 한자는 木耳, 나

온센타마고 vs 아지타마고

무의 귀처럼 생겨서 그런 이름을 붙였습니다. 일본어로는 기쿠라게 (木くらげ)라고 하는데, '나무의 해파리'라는 재미있는 뜻입니다. 목이버섯이 해파리 모양과 닮아 생긴 이름입니다. 쿠라게(해파리) 이름이 붙은 식물이 하나 더 있습니다. 줄기상추, 즉 궁채를 일본에서는 야마쿠라게(山くらげ)라고 부릅니다. 오도독거리는 식감이 해파리의 식감과 비슷하여 산(山)에서 나는 해파리(くらげ)라는 이름을 붙였습니다. 쿠라게(해파리)라는 이름 때문에 목이버섯과 줄기상추를 해산물로 착각하는 사람도 있다고 합니다. 일식에서 해파리는 시소노미쿠라게(しその実くらげ)라고 차조기 열매에 절여 빨간 즈케모노 형태로 나오는데 해파리 특유의 식감이 훌륭합니다. 빨간 시소노미쿠라게와 초록색 야마쿠라게는 한국 스시집에서도 자주 나오는 즈케모노입니다.

잇푸도라멘은 숙주나물 무침을 반찬으로 내줍니다. 숙주는 모야시(もやし)입니다. 노란 대두의 싹을 틔우면 콩나물, 초록색 녹두에서 싹을 틔우면 숙주입니다. 중국어로는 싹 아(芽) 글자를 붙여 콩나

3대 쿠라게(くらげ): 시소노미쿠라게(해파리), 야마쿠라게(줄기상추), 키쿠라게(목이버섯)

숙주나물 무침

물을 황두아黃豆芽(황두의 싹), 숙주를 녹두아綠豆芽(녹두의 싹)라고 표현합니다. 음료수 사러 일본 마트에 가면 야채 코너에서 모야시를 쉽게 찾을 수 있습니다. 간혹 한국인이 자주 가는 마트엔 콩나물도 파는데 콩나물을 먹는 나라는 한국이 거의 유일합니다. 숙주나물엔 발이 없습니다. 그래서 모야시 뒤에 '발'을 붙이면 큰 싸움납니다.

✱ 도쿄에선 즈케멘과 아부라소바

호텔 근처, 역 근처, 백화점, 먹자 골목…. 일본 어디서든 라멘 가게를 찾을 수 있습니다만 도쿄에서만큼은 즈케멘과 아부라소바를 집중해서 먹어야 합니다. 둘 다 도쿄가 발상지이기 때문입니다.

즈케멘(つけ麺)은 면 따로 스프 따로 나와 면을 진한 스프에 담가(漬) 먹는 스타일입니다. 즈케루(漬ける)는 담그다, 절인다는 뜻으로 1장 즈케모노 편에서 설명한 바 있습니다. 즈케멘의 원조는 도쿄 이케부쿠로의 다이쇼켄(大勝軒)이라는 라멘 가게입니다. since 1961, 초기 이름은 '특제 모리소바'였습니다. 소바를 쯔유에 찍어 먹는 모리소바와 비슷한 콘셉트였으니까요. 다이쇼켄 즈케멘이 도쿄에서 가장 맛있는 것은 아닙니다만, 즈케멘에 입문하기로 했다면 첫 즈케멘만큼은 성지순례 기분으로 원조 가게에서 먹어보는 것이 좋습니다.

어느 5월, 드디어 다이쇼켄을 방문하였습니다. 멀리 보이는 건물이 공사 가림막으로 싸여있어 문을 열지 않으면 어쩌지? 라고 걱정했습니다만 가림막 사이로 간판이 보이고 사람들이 보여 다행이라 생각하고 줄을 섰습니다.

원조집이라 50명쯤 줄 서 있으면 어쩌지? 라는 생각은 기우였습

국물 없이 찍어 먹는 형태로 나오는 즈케멘

니다. 내 앞에 약 10명 정도? 아마 이곳에서 유행시킨 즈케멘을 파는 가게가 도쿄에 충분히 많이 있어 사람들이 이곳만 고집하는 것이 아닌가 봅니다. 전국에 순댓국집이 많아 경기도 포천의 무봉리 토종순대국집 대기 줄이 길지 않은 것과 비슷합니다. 이윽고 자판기 앞. 면을 선택하는 순간 엄청난 양에 당황스러웠습니다. 보통을 선택했는데 면 중량 320그램, 나중에 물어보니 물에 삶으면 500그램 정도 된다고 합니다. 파스타 푸짐하게 주는 곳이 150그램 정도임을 참고하면 이곳의 면이 엄청난 양임을 알 수 있습니다. 창업자 야마기시 카즈오 상의 '배고프지 않게 음식을 낸다'라는 철학 덕분이라고 합니다. 메가 사이즈라고 640그램짜리도 있었는데 즈케멘 가게에서는 면을 남기는 걸 좋아하지 않는다고 들은 바 있어 보통 사이즈를 선택하였습니다. 사실 예전에 멋모르고 다른 가게에서 즈케멘 500그램을 시켰다가 3분의 2 정도 먹고 혼날까 봐 후다닥 뒤도 안 돌아보고 나왔던 경험이 있어 적당한 양을 주문한 겁니다. 토

즈케멘 원조 다이쇼켄

리아에즈 비루, 아사히 맥주가 나왔습니다. 특이하게 멘마 무침을 서비스 안주로 줍니다. 이 집, 멘마 맛집인데요. 즈케멘 나올 때까지 반만 마시려 했는데 안주가 맛있어 한 병 다 마셔버렸습니다. 그리고 드디어 즈케멘이 나왔습니다.

물에 삶아 500그램이 된 푸짐한 즈케멘입니다. 일반 라멘보다 두꺼운 면발이 특징입니다. 우선 면만 먼저 한 입. 사누키 우동에서의 극한의 쫄깃함이나 하카타 라멘에서의 딱딱함이 느껴지진 않지만 적당한 쫄깃, 적당한 무게감의 두꺼운 면은 먹기 딱 좋은 느낌입니다. 면은 일반적으로 차갑게 제공됩니다. 혹시 뜨거운 면을 선호한다면 아츠모리(熱盛) 메뉴를 선택하면 됩니다. 아츠이(熱い)는 뜨겁다는 뜻, 아츠/앗뜨를 연상하면 됩니다. 같이 나온 스프에 면을 푹 적신 후 후루룩. 면 전체에 골고루 묻은 스프는 국물임에도 걸쭉한 소스처럼 면에 코팅되어 즈케멘의 매력을 한껏 발산시켜 줍니다.

'스프 맛은 어떨까?' 숟가락을 주지 않아 그릇째 들고 마셔보았습

즈케멘 320그램

스프와리. 먹던 스프 그릇에 면수를 부어줌

니다. 생각보다 짭니다. 면을 담가 먹다가 보면 면의 물기가 스프에 더해져 희석될 것을 예상하여 염도를 높인 것입니다. 그나마 다이쇼켄의 스프는 덜 짠 편, 다른 즈케멘 가게에서는 스프를 억! 소리가 날 정도로 짜게 내오곤 합니다. 하지만 즈케멘 가게에서 정성껏 만든 스프 맛을 음미하고 싶은 것이 인지상정인가 봅니다. 면을 다 먹고 나면 '스프와리(スープ割り)'라고 요청해 보십시오. 스프에 면수를 첨가하여 마시는 것입니다. "헛, 저 사람 외국인인데 스프와리를 알다니, 즈케멘 좀 먹을 줄 아는 사람이군." 하는 대견한 표정으로 먹고 남은 스프를 그릇째 회수하여 짜지 않은 육수를 추가하여 음미하기 딱 좋은 상태로 다시 줍니다. 즈케멘 먹을 땐 커피 한잔 대신 스프와리 한 잔입니다. 주의 사항, 스프와리는 무조건 주는 게 아니라 요청해야 주는 것임을 꼭 기억하십시오.

가게 이곳저곳엔 인상 좋은 뚱뚱한 할아버지 사진이 걸려 있습니다. 창업자 야마기시 카즈오 상입니다. 라멘의 신이라 추앙받는 전설적인 분으로 '우리 집에 기업 비밀이란 것은 없다'며 수많은 제자에게 돈을 받지 않고 라멘 비법을 전수했습니다. 현재 그 제자

들의 라멘 가게에서 카즈오 상의 흔적과 추억을 찾을 수 있습니다. 2013년 <라멘보다 소중한 것>(ラーメンより大切なもの, 한국 상영명 <라면의 신>)다큐멘터리에서 카즈오 할아버지와 다이쇼켄을 자세히 다루었습니다. 2007년 동네 재개발로 첫 번째 가게가 문을 닫는 날, 마지막으로 라멘 한 그릇을 먹으러 줄을 선 400명과 취재진 200명으로 가게 앞이 인산인해를 이룬 장면도 인상적이고, 저녁 7시 반 마지막 영업을 마치고 가게를 나올 때 그의 제자들이 울먹이며 배웅하는 장면도 인상적입니다. 다이쇼켄은 팬들의 성화에 못 이겨 폐점 1년 만에 현 위치에 다시 문을 열었습니다. 카즈오 할아버지는 2015년 타계하여 그가 만든 라멘을 맛볼 기회가 없다는 것이 아쉽습니다만, 다음 도쿄 방문 때 가장 먼저 가고 싶은 라멘 가게 1순위인 곳입니다.

'도쿄에서만큼은 꼭 먹는 라멘' 두 번째는 아부라소바(油そば)입니다. 油(아부라, 기름) + そば(소바, 면), 여기서 소바는 메밀면이 아닌 국수라는 의미입니다. 아부라소바는 중화면을 사용한 기름 비빔면입니다.

한국 사람들은 매운 양념을 만들어 비빔면을 먹습니다. 매운 걸 좋아하고 기름은 몸에 좋지 않다는 선입견이 있어 면을 기름에 비벼 먹는다고 하면 느끼할 것 같은 생각이 먼저 듭니다만, 양념 숙성이 필요 없는 기름 비빔면은 만들기 어렵지 않은 요리입니다. 이탈리아의 알리오올리오 파스타(Aglio e Olio Pasta), 끓는 기름을 부어 먹는 중국의 유포미엔(油泼面), 기름은 아니지만 계란 노른자를 비벼 먹

알리오올리오 파스타와 유포미엔

는 까르보나라, 그리고 일본의 아부라소바가 그 예입니다. 기름 비빔면에 익숙지 않았던 우리도 몇 년 전부터 유행한 들기름막국수 덕분에 드디어 기름 비빔면 보유국이 되었습니다.

아부라소바의 시작은 1950년대입니다. 도쿄도 서쪽의 무사시노시(市)의 한 대학가 식당에서 싸고 양 많은 면 요리를 찾는 학생들에게 팔면서 시작한 면 요리였습니다. 각종 재료를 푹 우려 만든 라멘 스프는 비쌉니다. 재료비뿐 아니라 육수를 우리는 데 필요한 가스값도 만만찮지요. 인건비는? 경제학 책이 아니므로 그만 생각해 보기로 합니다. 일반 라멘에 비해 기름과 소스를 비벼 먹는 면 요리는 비싸지 않습니다. 많이 주고 싸게 팔기 딱 좋아 학생들이 좋아했습니다. 맛도 좋아 전국구 라멘이 되었습니다.

아부라소바의 발상지로 알려진 두 곳은 도쿄 서쪽의 '진진테이(珍々亭)'와 '산코(三幸)'입니다. 각각 신주쿠역에서 전철로 30분, 50분 거리라 '도쿄 원조 음식점 여행'을 하는 사람이 아니라면 굳이 그걸 먹

아부라소바

기 위해 다녀올 필요는 없습니다. 물론 전 그런 비효율적인 여행을 즐겨 하는지라, 진진테이에 한 번 가본 적이 있습니다. 원조 음식점을 일본 사람들은 '핫쇼노미세(発祥の店, 발상점)'라고 합니다. 발상점에는 그곳만의 매력이 있습니다.

하지만 아부라소바는 특성상 음식 수준의 편차가 크지 않으니 그냥 도쿄 시내의 체인점을 추천합니다. 가장 유명한 체인점은 도쿄아부라구미총본점(東京油組総本店)입니다.

제가 방문했던 곳은 시부야점입니다. 숙소가 시부야 근처였기 때문이죠. 일본의 많은 면 음식점은 자판기에서 식권을 구매하는 시스템입니다. 학생들에게 인심 좋게 팔았던 관습 때문일까요. 보통(160그램)/곱빼기(240그램)/특(320그램) 모두 같은 가격입니다. 술 한 잔 후 밤 10시 방문이라 320그램은 죄책감이 들어 240그램 곱빼기 표를 사고 온천 계란을 추가하였습니다. 자판기에 지폐를 넣을 때 반드시 신경 써야 할 주의 사항이 있습니다. 지폐를 넣고 오츠리(おつり)라고 적힌 거

진진테이의 아부라소바

스름돈 버튼을 눌러야 잔돈이 나옵니다. 한국 사람들은 음식점의 자판기 문화에 익숙하지 않기 때문에 지폐를 넣고 메뉴 버튼을 누른 후 거스름돈 버튼을 까먹는 경우가 종종 있습니다. 저도 이 가게에서 5천 엔 넣고 잔돈 버튼을 누르지 않은 채 착석했다가 뒤에 줄 선 손님이 제 거스름돈을 챙겨줬던 적이 있습니다. 하마터면 아부라소바를 5천 엔 내고 먹을뻔했습니다. 5천 엔 내고 먹을뻔한 따끈따끈한 아부라소바가 나왔습니다.

아부라소바는 주는 대로 먹지 않습니다. 식탁에 놓인 라유(辣油, 고추기름)와 스(酢, 식초), 후추(胡椒, こしょう) 등 양념을 취향껏 추가하여 비벼 먹습니다. 일본에서는 흔하지 않은 비빔면입니다.

도쿄아부라구미총본점 주문 자판기

일본에서 흔하지 않은 비벼 먹는 면 요리

도쿄 : 아부라소바(油そば)

나고야 : 마제소바(混ぜそば)

모리오카 : 자자멘(炸醬麵)

히로시마 : 탄탄멘(担担麵)

기름 맛, 신맛, 단맛, 짠맛, 감칠맛 폭탄이니 어찌 맛없을 수 있겠습니까. 온천 계란의 노른자를 터뜨려 면에 찍어 먹으면 마치 카르보나라 스파게티 같은 고소함이 추가됩니다. 반쯤 먹다 테이블마다 비치된 스테인리스 통 속의 다진 양파를 넣어 깔끔함과 아삭함을 추가하면 다른 음식을 먹는 기분도 느낄 수 있습니다. 다진 양파를 보니 코스트코 핫도그가 생각납니다. 설마 여기서도 몰래 반찬통에 양파를 담아 가진 않겠지요. 맛있게 한 그릇 비웠습니다. 밤 10시 야식에 대한 죄책감 따윈 잊기로 했습니다.

아부라소바도 즈케멘과 마찬가지로 푸짐하게 주되 남기면 싫어한다고 합니다. 셀프 공깃밥 무료 국밥집에서 밥 고봉으로 퍼다 놓고 안 먹으면 좀 거시기한 것과 같습니다.

면 먹으러 가야하는 곳,
나고야와 모리오카

면식 여행을 할 목적으로 도시 한 곳만 골라야 한다면 당연히 도쿄입니다. 대도시엔 거의 모든 음식이 다 있으니까요. "난 면식 여행을 다닐 건데 다른 지역에 별로 없는 특이한 스타일의 면을 먹어야겠다."라면 나고야와 모리오카가 답입니다. 나고야 면 요리에는 미소니코미우동, 키시멘, 타이완라멘, 마제소바, 앙가케스파게티가 있습니다. 모리오카에서는 면 이름 앞에 모리오카 접두사를 붙인 모리오카 3대 면 요리가 유명합니다. 모리오카레멘(냉면), 모리오카자자멘(자장면), 그리고 모리오카완코소바입니다. 지금부터 나고야와 모리오카로 출동!

✱ B급 음식 천국 나고야

B급 감성, B급 음식, B급 아저씨…. 언젠가부터 B급이라는 말이

가끔 들립니다. B급은 A급보다 떨어지고 후지다는 의미가 아닙니다. A급과 B급은 격이 다른 것이 아니라 결이 다를 뿐이죠. 사람들은 의외로 B급을 좋아합니다. 《오페라의 유령》보다 《SNL 코리아》를 좋아하는 사람이 있고, A급 레스토랑의 스시보다 B급 음식 떡볶이와 짜장면을 좋아하곤 합니다.

일본에 B급 음식 천국인 도시가 있습니다. 바로 나고야입니다.

나고야 대표 면 요리 5가지

미소니코미우동(味噌煮込みうどん)

기시멘(きしめん)

타이완라멘(台湾ラーメン)

타이완마제소바(台湾まぜそば)

앙카케스파게티(あんかけスパゲッティ)

"나고야성, 장어덮밥 히츠마부시 말고 별거 없지 않아?"라는 생각으로 나고야를 2024년 5월 처음 갔습니다. 웬걸? 나고야는 먹고 마시러 가는 도시입니다. 나고야메시, 즉 나고야(名古屋) + 메시(めし, 밥), 직역하면 '나고야밥'이라는 말이 있을 정도입니다. 우리로 치면 목포 5미, 통영 백미 같은 말이죠. 나고야메시 중 면 요리 다섯 가지를 소개합니다. 우동 두 가지, 라멘 두 가지, 그리고 스파게티입니다.

✱ 미소니코미우동과 기시멘

나고야 우동 2가지는 미소니코미우동(味噌煮込みうどん)과 기시멘(きしめん)입니다.

나고야 사람들은 음식에 핫쵸미소(八丁味噌)라는 된장을 많이 사용합니다. 하여튼 음식 여기저기에 다 넣어 먹습니다. 된장 우동도 당연히 있습니다. 미소니코미우동입니다. 된장(미소) 육수에 푹 끓인(煮込み, 니코미) 냄비 우동의 일종인데 면을 따로 삶는 다른 우동과 달리 미소니코미우동은 굵은 면을 된장 육수와 같이 끓여 뚝배기째 나오는 특이한 스타일입니다. 니코미는 1장 조림편에서 설명하였습니다. 미소니코미우동으로 유명한 야마모토야본점(山本屋本店)을 방문하였습니다.

한국 사람이니까 국물 먼저 맛을 봅니다. 생각보다 짜지 않습니다. 단맛은 거부감이 들 정도는 아닙니다. 진한 미소 국물이지만 무겁지 않습니다. 면을 건져 렌게(蓮華) 위에 올렸습니다. (우리가 우동 숟가락이라 부르는 렌게는 연꽃이라는 뜻입니다. 연꽃잎이 흩어져 떨어진 모습과 비슷해서 렌게라고 부릅니다)

렌게에 올린 면의 굵기가 당황스러울 정도로 두껍습니다. 연필 두께 + α입니다. 연필심 오타 아니고 연필 두께 맞습니다. 그리고 생각보다 심하게 딱딱합니다. 덜 익었다고 생각할 정도로 딱딱합니다. 혹시 험한 주방장이야? 아닙니다. 그게 정상이라고 합니다. 딱딱하고 두꺼운 면 때문에 우동을 먹는다는 느낌보다 굳은 가래떡을 먹는 느낌인데 이게 된장 육수와의 궁합이 찰떡입니다. 한국 고깃

야마모토야본점의 미소니코미우동. 연필보다 굵은 면

집에서 후식으로 나오는 된장 국수는 소면이라 면의 식감이 2% 부족한데 나고야의 미소니코미우동의 면과 육수는 완벽한 하모니를 이룹니다.

나고야는 닭요리로도 유명합니다. 나고야코친(名古屋コーチン)이라고 그쪽 지역 닭, 혹은 닭요리를 지칭하는 말이 있을 정도로 품질이 좋습니다. 제가 주문한 미소니코미우동에도 노른자와 닭이 들어 있습니다. 나고야코친이라 생각하고 먹으니 더 맛있습니다.

나고야의 특이한 우동 두 번째는 기시멘(きしめん)입니다. 일본어 발음은 키시멘이지만 칸사이 > 간사이, 츠케멘 > 즈케멘처럼 국립국어원의 일본어 표기 원칙에 의해 한국어 표기는 '기시멘'입니다. 기시멘은 얇고 넓은 면입니다. 규격은 일본농림규격(JAS)에 폭 4.5밀리미터 이상, 두께 2.0밀리미터 미만으로 되어 있긴 합니다만 건면 기준이라 참고만 하면 됩니다. 나고야에 왔다면 일반적인 우동, 소바보

기본 스타일의 기시멘

다 기시멘을 먹어야 합니다. 다른 지역에서 먹기 힘든 우동 스타일이니까요. JR 나고야역에 유명한 기시멘 가게가 있습니다. 에키가마 기시멘(驛釜きしめん)입니다. 처음 먹는 것이니 기본 기시멘을 주문하였습니다. 시금치, 가쓰오부시, 파, 가마보코, 유부를 올린 따뜻한 가케우동 스타일입니다.

얇고 넓은 면은 파스타면 중 페투치네와 거의 비슷합니다만 푹익힌 페투치네보다 부드럽고 소호정 칼국수보다는 딱딱하고 쫄깃한 식감입니다. 기시멘이 딱딱하니? 부드럽니? 둘 중 하나를 고른다면 부드러운 쪽입니다. 따뜻한 쯔유에 담가 원래 식감보다 더 부드러워진 것 같습니다.

면 자체의 식감을 느끼기 위해 자루기시멘을 하나 더 주문하였습니다. 자루(소쿠리)에 올린 차가운 기시멘은 쫄깃함이 더 살아 있습니다. 만약 한 그릇의 기시멘만 먹어야 한다면 자루기시멘이 답입니다. 두 명이 가면? 자루기시멘 하나, 가케기시멘 하나 시켜서 나

페투치네 파스타 vs 기시멘 vs 소호정 칼국수

자루기시멘

뭐 먹으라고 말하는 건 먹거리 여행의 하수입니다. 둘이 가면 당연
히 4개 시켜 먹어야죠. 나고야니까요.

그나저나 원래 발음이 키시멘인데 기시멘으로 표기하니까 더 어
렵고 어색하긴 합니다. 에이 몰라요. 키시멘으로 한 번만 쓸게요.
나고야 키시멘은 아주 특별한 식감과 풍미가 있는 우동은 아닙니
다. 만약 그랬다면 나고야에서만 아니라 일본 전국에서 키시멘을

먹을 수 있었겠지요. 나고야에서 키시멘 한 그릇을 먹는다면 "일본엔 납작한 모양의 로컬 우동 스타일이 있다." 정도의 의미를 두면 좋겠습니다. 키시멘이라 부르니 막혔던 마음이 뻥 후련해집니다. 키스를 기스, 캐나다를 개나다, 카레를 가레로 부르면 답답하니까요.

★ 앙카케스파게티

외국 음식이 일본으로 건너와 일본 스타일로 바뀐 것들이 많습니다. 파스타 중에선 나폴리탄스파게티, 멘타이코(명란)파스타, 그리고 나고야에 가면 꼭 먹어봐야 하는 앙카케스파게티(あんかけスパゲッティ)입니다. 앙카케스파게티는 앙(餡, 전분 소스)을 가케(掛け, 붓다) 해서 만든 스파게티입니다. "아니, 이런 요리도 있었어?" 나고야에는 희한한 음식이 많은 것 같습니다. 게다가 그 음식들 대부분 맛있습니다. 물론 앙카케스파게티도 맛있습니다.

앙카케스파게티(あんかけスパゲッティ)

전분이 들어간 걸쭉한 소스를 일본에선 '앙(餡)'이라고 합니다. 앙에는 두 가지 뜻이 있습니다. 첫 번째는 팥소(삶은 팥을 으깨 만든 것)입니다. 일본 만두소로 팥소를 넣은 만두를 앙만두, 줄여서 앙망(あんまん)이라고 합니다. 우리가 잘 아는 관용구 중 "앙꼬 없는 찐빵"의 앙꼬가 바로 일본어 '앙꼬(餡子)'입니다. 앙의 두 번째 뜻은 전분을 넣은 걸쭉한 소스(혹은 음식)입니다. 탕수육, 유산슬 등등 걸쭉한 중화요리 덕분에 우리에게도 익숙한 조리법입니다. 가케루(かける)는 국물이나 소스를 붓다, 끼얹는다는 뜻으로 가케우동에서 설명하였습니다. 요코하마 음식 나폴리탄스파게티는 일본 전국에서 먹는 전국구 음식이지만 앙카케스파게티는 나고야에서만 먹는 로컬 음식입니다. 그래서 나고야에 가면 꼭 먹어야 할 면 요리입니다. 앙카케스파게티라는 이름이 길어서 그들은 '앙카케스파'라고 부릅니다.

앙카케스파의 발상 가게로 알려진 스파게티하우스 소레(そーれ)에 가보았습니다.

11시 반쯤 갔는데 이미 손님이 차 있었습니다. '토리아에즈, 비루' 맥주 한 병 주문하고 시간을 번 후 쫓기지 않고 메뉴판을 천천히 봅니다. 어차피 그거 주문할 거면서 뭐 그리 메뉴판을 둘러봤

앙카케스파 발상점 소레, since 1961

는지 모르겠지만, 전설의 어쩌고 하는 시그니처 앙카케스파를 주문했습니다.

앙카케스파의 재료는 소시지, 햄, 양파, 피망 등 나폴리탄과 비슷합니다만 삶은 면을 기름에 볶은 후 소스를 섞지 않고 부어 나오는 차이가 있습니다. 물어보니 케첩을 안 쓰고 감자, 당근, 양파, 고기, 토마토 등을 뭉근히 익혀 소스를 만든다고 합니다. 소스 없이 면을 먼저 한 입 먹어보니 빡빡한데 고소한 향이 훅 올라옵니다. 돼지기름 라드 향입니다. 걸쭉한 소스는 시거나 달지 않습니다. 밸런스가 잘 맞습니다. 소시지가 아주 많이 들어 있습니다. 우리나라 부대찌개 집처럼 소시지 추가 메뉴가 있다 한들 굳이 추가할 필요 없을 정도로 많습니다. 살짝 볶은 양파, 피망, 토마토도 식감이 좋습니다. 한 가지 한국과 다른 점은 숟가락을 주지 않는다는 것. 하지만 달라고 하면 웃으며 줍니다. 국물 이외의 음식에 숟가락 쓰는 나라는 한국밖에 없는 것 같습니다.

소레의 앙카케스파

소세지와 면

　스파게티 면이 엄청납니다. 물어보니 300그램 쓴다고 합니다. 집에서 엄지와 식지로 면을 집으면 100그램 정도 되고 200그램 넣으면 배부른데, 300그램은 역시 풍족합니다. 옆 테이블 아저씨는 계란 앙카케스파를 주문하였습니다. 양해를 구하고 사진을 찍었습니다. 역시 면 300그램, 양이 어마어마합니다. 이걸 60대 아재는 숟가락 없이 포크만 써서 15분 만에 먹고 나갔습니다. 멋집니다. 이럴 때 제가 자주 쓰는 추임새는 "해내는구나아~!" 입니다. 추억의 파마산 가루도 뿌려 한 입 먹고 후추도 뿌려 한 입 먹으며 저는 8분 만에 다 먹었습니다. 950엔으로 이 정도 수준이면 아주 훌륭한 한 끼 식사입니다.

옆 테이블 아저씨의 계란 앙카케스파

앙카케스파게티, 줄여서 앙카케스파. 나고야에 가면 꼭 먹어봐
야 할 B급 감성 음식 리스트 중 하나입니다.

★ 나고야의 특이한 라멘, 타이완라멘과 타이완마제소바

타이완라멘과 타이완마제소바는 대만에 없는 음식입니다. 중국
에 없는 중국냉면, 몽골에 없는 몽골리안비프, 나폴리에 없는 나폴
리탄스파게티와 비슷한 음식 이름입니다. 둘 다 나고야에서 처음
만든 음식으로 각각의 기원은 '미센(味仙)'과 '멘야하나비(麵屋はなび)'
입니다. 접근성 좋은 시내 분점도 있지만, 줄을 서더라도 본점에 가
서 한 번은 먹어봐야 합니다.

곽명우(郭明優) 사장님은 나고야에 정착한 화교 2세입니다. 1962년
부터 대만요리식당 미센을 운영하던 그는 대만 사람들이 흔히 먹는
담자면(担仔麵)이라는 면 요리를 팔고 싶었습니다. 담자면이란 면 위

중국대만요리 미센, since 1962

에 돼지고기 민찌, 새우를 얹은 국물 면 요리입니다. 한 번도 못 먹
어봐서 맛 설명이 불가능합니다만 '맵지 않은 하얀 국물 국수'만 기
억하면 됩니다. 곽 사장님은 담자면을 벤치마킹하여 닭뼈, 간장 베
이스의 빨갛고 매운 육수에 고추, 마늘 넣고 볶은 돼지고기 민찌와
부추를 올린 면 요리를 1970년부터 팔기 시작했습니다. 대만 담자
면은 맵지 않은 국수였지만 곽 사장님이 매운맛을 좋아해서 맵게
만들었고, 미센 음식점 근처에 한국인들이 많이 살아서 마늘을 많
이 넣었다고 합니다. 본인이 대만 사람이라 이름을 '타이완라멘'으
로 지었습니다.

　미센의 타이완라멘은 매워서 다이어트 효과가 있더라, 스태미너
에 좋더라는 소문이 퍼진 후 폭발적인 인기를 얻었습니다. 미센 홈
페이지에는 나고야의 라멘 가게 380곳 중 200곳 이상에서 타이완
라멘을 팔고 있다고 나옵니다.

나고야역에서 서쪽으로 여섯 정거장 떨어진 이마이케역 근처, 상업 건물들 틈으로 긴 줄이 보입니다. 한적한 동네라 누가 봐도 미센의 오픈 시간을 기다리는 줄임을 알 수 있습니다. 오픈은 오후 5시. 4시반 도착인데도 제 앞에 50명, 4시 50분이 되자 제 뒤로 50명이 됐습니다. 이들 대부분은 타이완라멘을 먹으러 온 사람들입니다. 4시 55분, 멀리 60대 중국인 부부가 다가왔다가 100명을 보고 망연자실한 표정으로 돌아섭니다. 중국인인지 몰랐는데 남편이 아내한테 막 화를 내서 알게 되었습니다. 중국어를 모르지만 대충 표정으로 "더워 죽겠는데 내가 가지 말자고 했잖아."라고 알아들을 수 있었습니다. 5시가 되자 자리가 채워질 만큼의 사람들이 1차로 들어갔습니다. 1번 손님이 라멘 한 그릇만 먹고 나와도 30분은 기다려야 할 것 같았는데, 미센 대기 줄에도 꿀팁이 있습니다. "난메이사마데쓰까(몇 명입니까)?"를 묻고 1인 손님은 1인석에 착석할 수 있어 빨리 입장시키는 시스템입니다. 앗싸~!! 덕분에 5시 7분에 입장했습니다.

미센 본점의 긴 줄과 토리아에즈 비루

송화단과 쌍창

토리아에즈 비루. 기린 라거 병맥주를 팝니다. 한국에는 기린 이 치방시보리만 들어오기 때문에 기린 라거는 보이면 마셔 줘야 하는 맥주입니다. 타이완라멘을 주문하였고 맥주 안주로 송화단(松花蛋)과 샹창(香肠, 중국 소시지)를 주문하였습니다. 750엔짜리 라멘 한 그릇 먹으러 가서 2천 740엔어치 먹는 비효율적인 아저씨입니다. 늘 '맥주는 반만 먹고 라멘 나오면 같이 먹어야지'라고 계획을 세우지만, 이번에도 실패. 라멘 나오기 전 맥주 한 병을 다 마셔버렸습니다.

드디어 타이완라멘이 나왔습니다. 그릇이 생각보다 작고 내용물이 국물에 잠겨 양이 적다고 당황했습니다만 돼지고기 민찌도 충분, 면 양도 많았습니다. 국물을 많이 줘서 면과 토핑이 적다고 오해했던 겁니다. 렝게(우동 숟가락)로 국물 먼저 한입. 두반장 맛이 확 올라옵니다. 돼지고기를 볶을 때 마늘과 함께 볶았나 봅니다. 전분 물 넣기 전의 마파두부와 비슷한 맛과 향입니다만 마파두부의 산초 향은 없습니다. 매운 걸 즐기는 한국 사람들에게 아주 매운 국물은

미센의 타이완라멘. 돼지고기 민찌와 면이 그릇에 비해 상당히 많이 들어 있음

아닙니다. 면은 생각보다 딱딱하였고 모야시(숙주)의 아삭함이 느끼함을 잡아줍니다. 부추는 빨간 음식에 초록색 포인트를 주는 화룡점정 역할입니다.

5시 7분에 입장했는데 맥주에 안주에 라멘까지 먹고 나오니 5시 35분입니다. 저 같은 손님이 많으면 많을수록 가게는 번창할 겁니다. 계산하고 나오는데 오픈 전 제 바로 뒤에 줄 서 있던 모녀가 그제야 입장하였습니다. 막힌 편도 5차선 도로에서 내 차선만 뻥 뚫린 기분? 다음 방문 때도 혼자 와야겠다고 생각했습니다.

삿포로는 미소라멘, 후쿠오카는 돈코츠라멘처럼, 나고야 = 타이완라멘이 된 것은 미센 곽 사장님의 배려 덕분입니다. 타이완라멘에 대한 상표등록을 할 수 있었지만 '우리 가게에서만 팔면 유명해지지 않는다'라는 생각으로 다른 가게에서 타이완라멘 파는 것을 권장하였다고 합니다. 그래서 나고야의 200곳 넘는 라멘 가게에서 타이완라멘을 팔 수 있게 된 것입니다. 내가 만든 음식이 내가 지은 이름으로 널리 팔리는 것을 보는 건 즐거운 일 같습니다. 일본 비행기를 탔는데 제 책을 읽고 있는 승객 10명과 마주치는 기분과 비슷할 겁니다.

나고야에는 타이완이 붙은 라멘이 하나 더 있습니다. 타이완마제소바(台湾まぜそば)입니다. 타이완마제소바는 타이완라멘에서 파생한 비빔면입니다. 미센의 타이완라멘이 대 히트를 친 후 나고야의 많은 가게에서 타이완라멘을 만들기 시작했습니다. 2008년 어느 날, 나고야 남서쪽 나카가와구의 멘야하나비라는 가게에서 타이완민찌를 만들다 실패하였습니다. 타이완라멘에 들어가는 고추, 마늘 등을 넣고 볶은 돼지고기 민찌를 타이완민찌라고 부릅니다. 역시 대만에는 없는 말입니다. 니야마 나오토 사장님이 실패한 타이완민찌를 버리려는데 "그거, 아까우니까 다른 걸로 해 먹어요."라는 종업원의 말을 듣고 국물 없이 라멘 위에 얹어 먹어보았다고 합니다. 이게 의외로 맛이 괜찮아 여러 재료를 올려 비빔면 형태로 만든 것이 타이완마제소바입니다. 마제소바의 마제는 'made in 마다가스카르', 'made in 마닐라'의 마제가 아니라 마제루(混ぜる), 비비다/섞다는 뜻입니다. 混은 '섞을 혼'입니다. 남녀혼탕에서의 혼입니다. 왜 하필 많은 단어 중 격 떨어지게 저런 예를 드는지 모르겠습니다. 마제소바의 소바는 메밀면이라는 뜻이 아닌 국수라는 뜻입니다. 두꺼운 중화면을 사용합니다.

멘야하나비 본점

　비빔밥/비빔국수/비빔냉면 등 '비빔'이 들어가는 우리나라 음식
명은 많습니다만 마제루가 들어가는 일본 음식은 마제소바 정도인
것 같습니다. 음식을 비벼 먹는 습관은 우리에겐 익숙하지만 다른
나라 사람들, 특히 일본 사람들에겐 익숙지 않다고 합니다. 팥빙수
도 일본 사람들은 떠먹고 덮밥도 떠먹지 절대 비벼 먹지 않습니다.
예쁜 덮밥이나 빙수를 마구 비벼 망가뜨리는 행위를 일본 사람들은
결코 이해하지 못할 것입니다.

　하지만 마제소바는 예외입니다. 이름 자체가 '비빔국수'니까요.
일본 사람들이 싫어하는 마늘을 듬뿍 첨가하는 것도 마제소바의 특
징입니다. 마제소바의 발상 가게 멘야하나비는 일본 여러 곳에 지
점이 있고, 한국에도 지점이 몇 곳 있어 쉽게 접할 수 있습니다. 그
래도 멘야하나비 타카바타본점(麺屋はなび 高畑本店)에 한 번은 가봐야
합니다. 자꾸 성지순례하는 기분이 듭니다.

멘야하나비의 타이완마제소바

나고야역에서 10분 정도 전철을 타고 남서쪽으로 이동하여 한적한 주택가 골목으로 걷다 보면 2층 양옥집에 멘야하나비 간판이 걸려 있습니다. 타이완라멘 발상지 미센처럼 음식점으로서의 접근성이 썩 좋지 않은 곳임에도 덕후들이 줄을 서 있습니다. 1시간 정도 기다렸나 봅니다. 드디어 입장, 타이완마제소바 기본형을 주문하였습니다.

노른자가 중앙에 올려졌고 노른자 주위로 타이완민찌, 부추, 마늘, 파, 김이 그릇 전체를 덮밥처럼 덮고 있어 면이 보이지 않습니다. 비비기 아까운 예쁜 음식입니다만 어쩔 수 없이 노른자를 젓가락으로 툭~ 터뜨린 후 골고루 비빕니다. 노른자에 코팅된 면의 꾸덕한 고소함, 면과 함께 타이완민찌를 씹는 즐거움, 파, 마늘, 부추의 간헐적으로 톡 터지는 알싸함이 특징인 비빔면입니다. 국물이 없을 뿐 식재료는 타이완라멘과 유사합니다. 마제소바가 타이완라멘을 만들려다 실패해 만들어진 음식이고, 이곳 사장님이 미센 주방 출신이라 그럴 수 있겠다고 생각했습니다.

면을 다 먹고 나면 민찌 등의 고명이 어쩔 수 없이 남게 됩니다. 그래서 무료 밥이 제공됩니다. 무료 오이메시(無料 追い飯)라고 테이블 위에 놓인 설명서에 적혀 있습니다. 追는 '쫓을 추'입니다. 추가 밥이라는 뜻인데 '공깃밥 무료'와 같은 뜻입니다. 고명에 비벼 먹는 밥도 맛있습니다. 다 먹고 나니 그릇 바닥에 '아리가토고자이마스(ありがとうございます, 감사합니다)'라고 적혀 있습니다. 라멘 그릇 바닥을 본 적이 한 번도 없다고 생각했는데 마제소바 먹을 때 바닥을 본 적이 있었네요. "맛있게 만든 저희 가게 음식을 바닥까지 비워 주서 감사합니다."라는 인사입니다.

식사를 마치고 나오는 길, 손님 테이블 반대쪽에 사진 한 장이 걸려 있습니다. 도쿄 즈케멘 편에서 소개한 라멘의 신 야마기시 카즈오 할아버지가 이곳을 방문했을 때 사장님과 찍은 사진입니다. 라멘의 신에게 직접 만든 라멘 한 그릇 대접하는 것이 사장님에겐 일생 최대의 영광이었을 것입니다. 카즈오 상이 마제소바를 먹었는지는 확인

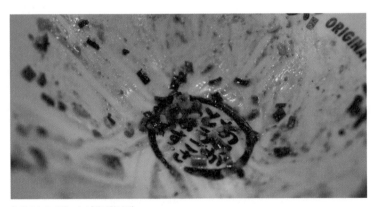

ありがとうございます(감사합니다)

할 수 없지만, 설마 우연히 와서 물 한 잔 마시며 사진만 찍고 그냥 갔겠습니까. 나고야 변두리의 라멘 가게에서도 카즈오 상의 얼굴을 볼 수 있으니, 그는 라멘의 신이 맞나 봅니다. 사진 옆에는 카즈오 상의 친필 글씨 "福は 無欲, 無為より 生ず"가 액자 안에 있습니다. '복(福)은 무욕(無欲), 무위(無為)에서 나온다'는 뜻으로 아주 유명한 문장입니다. 무욕, 욕심이 없어야 하는데 맛있는 걸 찾아 나고야까지 오는 제게 스스로 한마디 했습니다. 앞으로 식욕을 자제하자!

카즈오 상은 그때 어떤 라멘을 드셨나요? 방문 시기가 언제인가요? 라는 질문은 다음 방문의 목적으로 남겨 놓았습니다.

★ 모리오카에서 먹어야 할 3대 면 요리

모리오카(盛岡)는 이와테현(岩手県)의 현청 소재지입니다(현청 '소시지' 아님). 한국 사람들이 잘 가지 않는 곳이긴 한데 이곳 역시 면 요리를 먹으러 가야 하는 도시입니다. 3대 면 요리가 있습니다.

모리오카완코소바 (椀こ蕎麦)
모리오카자자멘 (炸醬麺) : 자장면
모리오카레멘 (冷麺) : 냉면

셋 모두 면 이름 앞에 '모리오카'가 붙습니다. 모리오카에서만 먹을 수 있는 면 요리이기 때문입니다. 어쩌다 보니 3대 면 요리를 먹겠다는 비효율적인 목적으로 모리오카에서 1박을 했습니다. 직항 노선이 없어 아오모리에서 기차를 타고 JR 모리오카역에 내려 근처 호텔에 체크인하였습니다. 우선 모리오카완코소바 먹으러 출동하였습니다.

모리오카완코소바

완코(椀こ), 완(椀)은 공기입니다. 일식 계란찜 차완무시의 완입니다. 코(小)는 작다, 완코는 작은 공기입니다. 사진에서처럼 한 손에 들 수 있는 작은 공기에 10그램 정도의 소바가 담겨 나오는데 세는 단위는 '판(板)'입니다. 한 번에 15판씩, 배가 불러 그만 먹겠다고 할 때까지 먹는 소바입니다. 성인 남성이 보통 60판(60공기) 먹는다고 합니다. 100판 넘게 먹으면 마패처럼 생긴 인증서를 준다고 하여 인증서를 받기 위해 이날 아침부터 오픈하는 오후 5시까지 쫄쫄 굶었습니다. 인증서는 컴퓨터에 있는데 왜 굳이. 숙소에서 완코소바 가게까지 걸어서 30분, 택시로 15분이지만 당연히 컨디션 조절 목적으로 걸어야 합니다. 20분 정도 걷다 보면 오래된 육중한 건물을

이와테은행 아카렌카관

완코소바 아즈마야혼텐(東家本店)

마주치게 됩니다. 이와테은행 아카렌카관(岩手銀行 赤レンガ館)입니다.

여기 환전하러 가면 안 됩니다. 현재는 박물관이자 공연장이니 까요. 1911년 다쓰노 긴고 아저씨가 설계했고 이분이 JR 도쿄역도 설계했던 분이라 도쿄역과 비슷한 느낌이 듭니다. 자, 유적지 하나 본 것으로 이날 저녁의 과식에 대한 죄책감을 편하게 떨쳐 버릴 수 있게 되었습니다.

5시 오픈, 잠시 대기 후 테이블에 경건한 자세로 앉았습니다. 시 합을 앞둔 선수 같아 애국가를 불러야 할 것 같은 기분. 종업원 아 주머님이 몇 가지 주의 사항을 알려주는데 못 알아들었습니다. 대 충 "무제한 먹을 수 있다. 단 뚜껑을 덮으면 게임 끝이다."라는 내용 인 것 같았습니다. 드디어 첫 15판이 나왔습니다.

완코소바 15판을 하나씩 제 그릇에 부어줍니다. 먹으면 채워주는 시스템인데 한 판 먹는데 약 3초, 15판 먹는 데 49초 걸렸습니다.

15개씩 담아 와 제 그릇에 부어줍니다

이날 먹은 완코소바 135판. 100판 넘게 먹었다는 인증패와 증명서

생각보다 상황은 긴박하게 돌아갑니다. 빈 완코 15판이 테이블에 쌓이고 잠시 숨을 돌리는데 무슨, 1분도 안 되어 다시 15판을 가져옵니다.

"하이 도조~ 하이 동동~."

아주머님이 노 젓는 뱃사람처럼 추임새를 계속 넣습니다. 하이 도조(자~ 부디~) 하이 동동(자~ 계속~), 15판 다 먹고 나면 아주머님은 항상 "잇테키마스(다녀오겠습니다)~."라는 멘트와 함께 1분 만에 다시 내 앞에 15판을 들고 나타납니다. "좀 천천히 오란 말입니다!"라는 제 바람 따윈 전혀 고려 대상이 아닙니다. 사라졌다가 다시 1분도 안 되어 15판을 가지고 나타나길 무한 반복. 저는 결국 135판을 채운 후 외쳤습니다. "그만 먹겠습니다."

종이로 된 증명서와 나무로 된 인증패를 받아 나왔습니다. 증명서 내용은 다음과 같습니다. "당신은 본점에서 135그릇 기록을 달

완코소바 135판 인증샷

성하였음을 인정함." 출근할 때마다 허리춤에 차고 다닐지 고민 중입니다. 시간은 30분이 채 걸리지 않았습니다. 홈페이지에 '시간제한은 없다'고 나와 있지만 아주머님의 '하이 동동' 구호 덕분에 분위기상 빨리 먹게 됩니다. 정리하고 나오는데 옆방을 보니 가족 단위로 와서 도전 중입니다. 다들 즐거운 표정입니다. 이곳은 친구들과 와야 더 즐거운 곳일 것 같습니다.

3월의 이와테산(岩手山)

다음날엔 모리오카자자멘과 모리오카레멘을 먹어야 하여 30분을 걸어 숙소 도착, 경건한 마음으로 일찍 잠자리에 누웠습니다. 이 도전 이후 저는 6개월 동안 소바를 입에 대지 않았습니다.

모리오카자자멘

모리오카 두 번째 면 요리는 모리오카자자멘(炸醬麵)입니다. 장(醬)을 튀겨(炸) 만든 면(麵) 요리입니다. 장을 왜 튀겨? 맞습니다. 우리나라 조리법엔 장을 볶거나 튀기는 조리법이 흔하지 않아 생소합니다만 장을 그냥 쓰는 것과 튀겨 사용하는 것은 풍미에 차이가 있습니다. 볶음고추장과 일반 고추장의 차이를 생각하면 됩니다.

다음 날 아침, 그럭저럭 배가 꺼져 멀쩡해진 위장을 장착하고 또 30분을 걷기 위해 호텔을 나왔습니다. 다리를 건너는데 멀리 눈 덮인 산이 보입니다. 전혀 예상하지 못했던 멋진 풍경입니다. 먹으러 모리오카에 왔을 뿐인데 이와테산을 본 것으로 여행의 50%를 충분히 채웠다는 감동에 10분 정도 사진기를 눌러댔습니다. 마침 다리를 건너는 50대 사모님이 있어 어설픈 일본어로 산 이름을 물어보니 "이와테산." 이라고 웃으며 알려주었습니다. 남산 앞에서 남산 이름 물어본 외국인 느낌? 다시 본연의 목적을 달성하기 위해 출동!

모리오카에 갔다면 '백룡(白龍, 빠이롱)'에서 자자멘을 먹어야 합니다. 모리오카자자멘의 원조 가게로 1953년 개업하였고 아침 9시부터 자자멘을 파는 곳입니다. "헐, 아침 9시부터 짜장면을 먹는다고?" 뭐 어떻습니까. 면을 먹기 위해 방문한 모리오카인데요. 아무도 없겠지? 천만에요. 9시 15분에 갔는데도 만석입니다. 창업자는

모리오카 백룡

영어 설명서

중국 만주에서 일하다 건너온 타카시나 칸쇼(高階貫勝) 할아버지입니다. 고향 모리오카에 돌아와 만두 포장마차를 했는데 중국에서 먹던 자장미엔이 떠올라 만두 만들고 남은 부스러기로 면을 만들고 춘장이 없어 미소(된장)에 고기, 참깨, 표고 등을 섞어 볶아 소스를 만든 것이 시초입니다.

"면 삶는 시간 15분 걸리니까 천천히 기다려 주세요."

친절한 주인 할머니가 영어로 된 '설명서'를 보여주었습니다. 음식에도 설명서가 있는 친절한 곳입니다. 가만히 동태를 살펴보니, 손님이 올 때마다 1인분씩 삶는 것이 아니라 6~8인분을 한꺼번에 삶는 것 같았습니다. 즉, 자자멘이 내 앞에 나타날 때까지 15분이 걸릴 수도 있고 1분이 걸릴 수도 있는 시스템입니다. 제 자자멘은 10분 정도 후에 나왔습니다. 라유, 식초, 겨자, 소금, 간 마늘, 간 생강, 소스를 취향껏 뿌려 면과 함께 비빈 후 먹으면 됩니다. 특이한

백룡의 자자멘

점을 발견했습니다. 두 손으로 면을 비비는 사람은 저 혼자, 가게 안의 다른 일본 사람들은 면을 한 손으로 비빕니다. 한국 사람들에겐 비벼 먹는 것이 일상이니까요. 게다가 어릴 때부터 왼손으로 비비고 오른손으로 비비라는 노래 가사를 익히 들어 왔으니까요. 두 손으로 비비는 방법을 가르쳐주고 싶었습니다만 갑자기 오지랖이라는 단어가 떠올라 참았습니다.

한국 짜장면보다 덜 달고 덜 기름지고 MSG를 안 쓰거나 조금 쓰는 정도라 입에 착 감기는 맛은 아닙니다. 사실 짜장면은 한국이 최고죠. 어릴 때부터 짜장면 먹고 산 한국 사람에게 중국/일본 짜장면은 소소한 맛일 뿐입니다. 그래도 모리오카에 갔다면 모리오카 자자멘을 한 번쯤 먹어봐야 아쉽지 않습니다.

모리오카자자멘만의 특이한 방식이 있습니다. 한 젓가락 정도 남긴 상태에서 테이블마다 놓인 날계란을 한 개 톡 까서 그릇째 반납하면 주방에서 뜨거운 면수와 장을 넣고 섞어 계란탕으로 만들

그릇째 주방으로 가져가 다시 만들어주는 치탄탕(계란탕)

어 다시 건네줍니다. 치탄탕(鷄蛋湯), 우리말 발음으로 계란탕입니다. 남은 짜장 소스에 계란탕을 만들어주는 것이죠. 예상하는 그 맛인데 비주얼은 그냥 그렇습니다. 짜장면 그릇에 있는 계란탕이니까요. 역시 한국 중식당의 서비스 계란탕이 원탑입니다. 다른 곳의 자자멘을 먹어봐야 해서 3분의 2 정도 남기고 나왔습니다.

이번엔 '코즈카타자자멘'을 방문하였습니다. 비슷한 시스템입니다. 먹는 방법에 대한 설명서도 있고 오이, 생강, 파, 자장 올린 자자멘, 비벼 먹다 한 젓가락 남았을 때 계란탕(치탄탕) 요청하여 먹는 것도 백룡과 동일합니다. 맛이 나쁘진 않은데 역시 한국 짜장면과는 비교 불가입니다. 백룡과 코즈카타자자멘 두 곳을 방문해 본 소감, "그래, 두 번 먹어봤으니 이걸로 충분했다."

'모리오카 3대 면 보급협의회'라는 재미있는 협회가 있습니다. 모

리오카의 3대 면을 전국 단위로 퍼트리는 활동을 하는 단체입니다. 단체 홈페이지를 찾아보니 모리오카자자멘을 파는 곳이 15곳 정도 되는 걸로 나와 있습니다. 15곳 중 두 곳을 섭렵했네요. 이 단체에서는 4월 14일을 '자자의 날(じゃじゃの日)'로 정했습니다. 공교롭게 한국도 4월 14일이 짜장면데이. 누가 먼저인지는 잘 모르겠습니다.

레멘(냉면)

모리오카 면 여행 마지막 세 번째는 모리오카레멘(盛岡冷麺, 모리오카냉면)입니다. 예상할 수 있듯 모리오카에 정착한 북한 실향민에 의해 만들어진 음식입니다. 모리오카 시내 여러 곳에서 냉면을 팔고 있습니다만 기억하고 방문할 곳은 두 곳입니다.

쇼쿠도엔 (食道園, 식도원), since 1954, 모리오카냉면의 원조

뿅뿅샤 (びょんびょん舍) : 모리오카냉면의 원탑

쇼쿠도엔과 뿅뿅샤

모리오카자자멘 가게 두 곳을 다녀와 배가 조금 찬 상태이지만 어쩌겠습니까. 오늘 아니면 다시 모리오카에 와서 먹어야 하므로 어쩔 수 없었습니다. 오픈 시간인 11시 반 조금 전에 맞추어 모리오카냉면의 원조, 쇼쿠도엔(食道園, 식도원)에 도착하였습니다. 냉면을 먹으러 왔지만 야키니쿠가 메인인 집입니다. 하지만 저는 이날 냉면만. 쇼쿠도엔 모리오카냉면은 1953년, 함흥 출신 교포 양용철 아저씨가 처음 개발한 냉면입니다. 꿩을 구하기 힘들어 소뼈와 닭 육수를, 동치미 대신 김치를 넣은 국물에 메밀 대신 밀면을 사용해 만들었습니다.

쇼쿠도엔(식도원)의 평양냉면

계란, 파, 오이, 고기, 깍두기 토핑입니다. 재료들은 대체로 평양냉면보다 달고, 면은 '쫄면' 생각하면 90% 이상 일치합니다. 한 끼 식사로 충분히 괜찮은 음식입니다만, 평양냉면과 막국수 좋아하는 한국 사람들에겐 약간 당황스러운 맛과 느낌일 수 있습니다. 냉면이라는 이름을 공유하지만 다른 음식이니까요. 하기야 베이징, 두바이의 북한 식당에서 먹었던 평양냉면도 봉사원 아가씨들은 100% 메밀이라고 설명합니다만 메밀이 거의 안 들어간 잡채 당면 수준입니다. 냉면은 역시 한국의 평양냉면과 막국수가 최고입니다.

모리오카냉면의 원조 식도원에서 눈물을 머금고 반 정도 먹고 나왔습니다. 맛없어서 남긴 게 아니라 다른 곳의 냉면을 한 그릇 더 먹어야 해서 어쩔 수 없었습니다. 20분 걸어 모리오카 면 여행의 마지막 목적지 뿅뿅샤에 도착하였습니다.

모리오카냉면의 또 다른 대표 주자 뿅뿅샤는 현대식 건물 한 채를 통째로 쓸 정도의 큰 규모로 JR 모리오카역 앞에 있습니다. 식도원에 비하면 엄청나게 큰 규모입니다. 식도원의 냉면이 성공하자 모리오카에 사는 재일교포들이 식도원 스타일의 냉면을 만들어 팔기 시작했습니다. 그러던 1986년, 모리오카에서 '일본 면 서밋(ニッポンめんサミット)'이라는 전국 순회 면 요리 경연대회가 열렸습니다. 서밋(summit)이 정상(top)이라는 뜻이니 순위도 매기는 그런 행사인 것 같습니다. 여기에서 '모리오카냉면'이라고 이름 붙인 뿅뿅정(뿅뿅샤 전신) 냉면이 높은 평가를 받았습니다. 일본 전역에 모리오카냉면

의 존재를 알린 계기였습니다. 이후 뽕뽕정은 뽕뽕샤로 이름을 바꾸고 승승장구하여 모리오카냉면의 원탑이 되었습니다.

　뽕뽕샤 2층에 자리를 잡았습니다. 모리오카에서의 마지막 식사일 예정이라 맥주도 시키고 우설도 시키고 모리오카냉면도 시켰습니다.

뽕뽕샤의 모리오카냉면

육수는 고기 육수와 양배추, 무김치 조합이었고 고기, 오이, 파, 계란 토핑입니다. 특이하게 과일 토핑도 있습니다. 겨울엔 배, 여름엔 수박입니다. 면은 역시 쫄면과 싱크로율 90% 이상입니다.

식도원, 뽕뽕샤 모두 모리오카냉면으로 유명하지만 기본적으로는 둘 다 야키니쿠 식당입니다. 고기 먹으러 간 김에 냉면 먹으면 만족도가 아주 높고, 모리오카냉면만 먹으러 간다면 우리나라 고깃집에 가서 고기 안 먹고 냉면만 먹고 오는 느낌입니다.

모리오카냉면과 부산밀면은 비슷한 스토리를 공유합니다. 함흥 출신 실향민이 만들었다는 점, 밀면을 사용하는 것입니다. 부산밀면에서 힌트를 얻은 제주도 산방식당 밀면이 모리오카냉면과 조금 더 비슷할 것이라는 생각을 했습니다.

한나절 동안 모리오카자장면 두 그릇, 모리오카냉면 두 그릇을 먹은 아주 뿌듯한 모리오카 면식 여행이었습니다. 당분간 이따위 여행 절대 금지.

나폴리에 없는
나폴리탄(ナポリタン)

나폴리탄스파게티

이탈리아 나폴리 사람들은 나폴리탄스파게티를 모릅니다. 심지어 만화 심야식당 1권에 등장하는 이탈리아 총각도 나폴리탄스파게티를 모릅니다. 이탈리아에 없는 파스타니까요. 나폴리탄이라는 단어도 국적 없는 단어입니다. 이탈리아어 '나폴리(Napoli)'의 형용사는 '나폴리타노(Napolitano)'인데 '나폴리탄(Napolitan)'은 이탈리아어에 영어 접미사를 붙인, 일본에서만 쓰는 외래어입니다. 나폴리 사람들이 나폴리탄의 존재를 몰라 화를 내지 않을 뿐 만약 일본과 한국에서 나폴리탄을 판다고 하면 "어떻게 그런 음식을 먹는 거야!"라며 어이없어할 수도 있습니다. 파인애플이 들어간 하와이언 피자에 급발진하는 것처럼요.

나폴리탄의 발상지는 요코하마입니다. 옛것과 새것이 공존하는 아름다운 도시로 도쿄에서 하루 코스로 다녀오곤 합니다만 요코하마에서 2박 머무는 것을 추천합니다. 밤과 낮 모두 예쁜 도시라면 며칠 머무르는 것이 맞습니다. 이곳은 나폴리탄 뿐 아니라 기린 맥주의 발상지이기도 합니다. 나폴리탄에 기린 맥주 한 잔을 떠올리면 1박 2일이라도 좋으니 내일 당장 요코하마로 떠나고 싶어집니다.

요코하마에서는 두 곳의 나폴리탄 식당에 가 봐야 합니다.

일 자르디노 (Il Giardino) : 나폴리탄의 원조

센터그릴 (Center Grill) : 케첩 나폴리탄의 원조

나폴리탄의 발상지는 요코하마 뉴그랜드 호텔(Hotel New Grand)입니다. 뉴그랜드 호텔은 패망 후 연합군 최고사령부가 일본을 실질적으로 통치했던 1945년부터 1952년까지 연합군사령부 장교들이 숙박했던 장소입니다. 호텔 연결 통로에 당시의 기록물들이 전시되어 있습니다. 원조 라이방 오라방 맥아더 장군 사진도 걸려 있습니다. 당시 요코하마의 미군들은 제2차 세계대전 중 전장에서 먹던 방식대로 삶은 스파게티에 소금, 후추, 케첩을 버무려 먹곤 했습니다. 이탈리아 사람이 보기엔 말이 안 되는 레시피였지만 총탄이 빗발치는 전쟁터에서 '만테까레(mantecare, 양식 조리법)' 할 수는 없었으니까요. 1952년 미군이 떠나고 그들의 식재료였던 스파게티가 창고에 쌓여 있었습니다. 뉴그랜드 호텔의 2대 총주방장 이리에 시게타다(入江茂忠) 씨가 미군들의 레시피를 개량해 만든 것이 최초의 나폴리탄이라고 뉴그랜드 호텔 홈페이지에 소개되어 있습니다.

뉴그랜드 호텔 1층 레스토랑 일 자르디노

호텔 1층 레스토랑의 이름은 일 자르디노(Il Giardino)입니다. '일 잘되노?'로 외우면 됩니다. 영어로는 garden, 이탈리아어로는 giardino, 호텔 신관과 구관 사이에 있는 아름다운 정원에서 따온 이름일 겁니다. 레스토랑에 들어가 자리에 앉았습니다. 맥주는 기린 생맥주만 있어 한 잔 주문하였습니다. 나중에 후회하게 된 한 잔입니다. 메뉴판을 보니 뉴그랜드 호텔에서 기원한 음식 3가지, 스파게티 나폴리탄, 씨푸드 도리아, 푸딩 아라모드가 시그니처 메뉴로 소개되어 있습니다. '도리아는 내일 먹고 일단 나폴리탄 먼저'라고 생각하며 나폴리탄을 주문하였습니다. 이곳 나폴리탄의 정확한 이름은 '스파게티 나폴리탄'입니다.

원조 3종, 씨푸드 도리아, 스파게티 나폴리탄, 푸딩 아라모드

주문한 스파게티 나폴리탄이 나왔습니다. 호텔답게 비엔나소시지 대신 얇게 썬 햄이 있고 양송이버섯을 넣었습니다. 치즈 가루를 뿌려 먹으니 맛있습니다. 너무 맛있어서 호텔 앞 공원 이름이 이 음식의 맛을 따라 '야맛있다' 공원입니다. (나중에 야마시타山下 공원으로 바뀜) 각 잡힌 절제된 매너의 까만 조끼 입은

'토리아에즈 비루' 기린 생맥주와 스파게티 나폴리탄

지배인 아저씨가 "맛있게 드셨나요?"라고 인사하길래 궁금했던 점을 질문하였습니다.

"언제부터 케첩을 나폴리탄에 넣었나요?"

"우린 한 번도 케첩을 사용한 적 없습니다."

"헛, 제가 아는 것과는 다르군요. 그럼 어떤 소스를 쓰는지요?"

"마늘, 양파를 볶고 생토마토, 삶은 토마토, 토마토 페이스트를 섞어 소스를 만들었고 그 레시피대로 지금도 만들 뿐입니다."

몰랐습니다. 나폴리탄의 원조가 뉴그랜드 호텔인 건 알고 있었지만, 뉴그랜드 호텔에서 케첩을 쓴 적이 없다는 사실은 새로 알게 되었습니다. 역시 현장 학습이 중요합니다. 나폴리탄 현장 학습은 기회비용이 많이 들 뿐입니다.

뉴그랜드 호텔의 스파게티 나폴리탄은 요코하마에서 꼭 경험해 볼 만한 일입니다만 맥주는 웬만하면 주문하지 말고 참을 것을 권장합니다. 투숙객 10% 할인받아도 맥주 한 잔 가격이 거의 나폴리

요코하마 뉴그랜드 호텔의 나폴리탄

탄 가격입니다. 오랜만에 일본에서 싱가포르 가격으로 맥주한 잔 마셨습니다.

'케챱을 넣지 않은 나폴리탄이라니!' 그럼 도대체 케챱은 언제, 어디서, 누가 처음 썼는지 검색해봤습니다. 30분 만에 케챱 나폴리탄의 원조는 센터그릴(Center Grill) 레스토랑이라는 것을 알아내 그곳에서 저녁을 먹기로 했습니다. 나폴리탄으로 두 끼를 먹는 건 아마 처음이자 마지막일 것 같습니다.

센터그릴은 뉴그랜드 호텔에서 일하던 이시바시 토요키치 상이 호텔을 퇴사하고 1946년 창업한 레스토랑입니다. 스파게티 나폴

케챱 나폴리탄의 원조, 센터그릴 레스토랑

센터그릴에서도 토리아에즈 빙비루

리탄을 메뉴에 넣고 싶은데 뉴그랜드 호텔에서 사용하던 생토마토, 토마토페이스트는 귀한 식재료라 토마토 대신 토마토케첩을 사용해 나폴리탄을 만들기 시작했다고 합니다. 이후 센터그릴의 레시피가 인기를 얻어 '나폴리탄 = 케첩'이라는 레시피가 정착되었습니다.

토리아에즈 빙비루! 센터그릴에서는 삿포로라거 맥주를 팝니다. 요코하마니까 기린을 팔면 좋았을 텐데 사장님 마음대로 파는 거지요. 맥잔잔 홀짝거리다 보니 센터그릴의 나폴리탄이 드디어 나왔습니다. 이곳의 나폴리탄은 양파, 피망, 양송이, 햄이 들어 있고 파마산 가루가 뿌려져 있습니다. 아주 두꺼운 스파게티 면을 사용합니다. 홈페이지를 찾아봤더니 2.2밀리미터 면을 사용하고, 삶은 후 하룻밤 재워 놓는다고 합니다. 케첩의 단맛, 과하지 않은 신맛과 상쾌함이 훌륭한 소스입니다. 물론 케첩만 쓰진 않겠지요. 아마 케첩이 든 특제 소스를 만들어 사용할 겁니다.

센터그릴의 나폴리탄

센터그릴 레스토랑 내부

나폴리탄에 들어가는 소시지, 햄, 피망, 양파, 케첩은 4050 아저씨들이 학생 때 호프집에서 먹었던 쏘야, 소시지야채볶음이랑 같은 식재료입니다. 맞습니다. 가게마다 레시피는 좀 다르겠지만 쏘야에 스파게티를 넣은 것이 나폴리탄이라 생각해도 됩니다.

센터그릴 레스토랑 곳곳에 1946년부터의 흔적이 남아있습니다. 진정한 노포입니다. 한참 사진을 찍고 있는데 아주머님 직원이 웃으며 벽에 걸린 사진에 대해 자세히 설명해 주었습니다. 이분, 처음부터 프로페셔널하다고 생각했는데 알고 보니 사장님 며느리였습니다. 정겨운 손 글씨 계산서에 적힌 1천 500엔, 나폴리탄에 맥잔 잔으로 훌륭한 저녁 식사였습니다. 2층에서 먹고 1층으로 내려오는데 창업자 할아버지처럼 보이는 분이 계셨습니다. 그러나 노포에서는 워낙 비슷한 경우가 많아 이젠 그 할아버지가 창업자라는 게 제 착각임을 예상하게 됩니다. 80년 전 일하던 분이 지금도 정정할 가능성은 별로 없지요. 예상대로 창업자 토요키치 상은 타계하시고

센터그릴 사장님 이시바시 히데키 상

요코하마 아카렌가창고의 낮과 밤

제 앞의 할아버지는 아들 히데키 상입니다. 사진 요청을 하였더니 웃으며 OK 하였습니다.

만족스러운 저녁을 마치고 숙소까지 설렁설렁 걸었습니다. 야맛 있다 공원을 따라 걸으면 숙소입니다. 아카렌가창고(横浜赤レンガ倉庫)도 예쁘고 반대편 대관람차도 예쁩니다. 나폴리탄 여행 신나게 잘 다녔습니다.

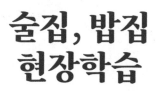

3장

술집, 밥집
현장학습

밥 飯 饭

덮밥은
비벼 먹지 마세요

밥, 한자로는 飯(반)입니다. 백반, 반찬, 십시일반에서의 반입니다. 일본에서는 접두사를 붙여 고항(ご飯), 중국에서는 판(饭)으로 읽습니다. 반(한국)/항(일본)/판(중국) 모두 비슷한 발음입니다. 중국어를 모르는 한국 사람의 97%가 알아듣는다는 "너 밥 먹었어?"의 중국어 "니취팔러마(你吃饭了吗)?"에서 '팔'의 정확한 발음은 판(밥)입니다. 니 취팔러마를 좋아하는 임치영 같은 분을 위해 더 강력한 중국어 문장을 소개합니다. "너 머리 감았어(你洗发了吗)?" 우리말 한자로는 이세발료마, 중국어의 정확한 발음을 차마 적지 못함을 헤아려 주십시오.

한국 밥집의 흔한 메뉴는 백반(白飯)입니다. 주요리인 구이나 볶음이 있고 밥/국/반찬 구성입니다. 백반에서의 주요리를 밥 위에

'덮어' 나오는 음식이 덮밥입니다. 제육볶음 따로 주면 제육 백반, 밥 위에 얹어 주면 제육덮밥입니다. 일본에서도 백반을 팝니다만 일본 밥집의 가장 흔한 메뉴는 덮밥입니다. 일본 여행 중 밥 먹고 싶을 땐 丼(동)이라 적힌 간판을 찾으면 됩니다.

———————————————— ✿ ————————————————

한국: 덮밥

일본: 丼 (동, 돈부리)

중국: 盖饭 (까이판)

———————————————————————————————

덮밥의 정확한 일본어는 돈부리모노(丼物)입니다. "돈부리모노 주세요."라고 말하면 복잡하니까 줄여서 돈부리(丼), 기왕 줄인 김에 확실하게 줄여서 '동'이라고 부릅니다. 튀김덮밥은 텐동(天丼), 소고기덮밥은 규동(牛丼)입니다. 丼은 한국 한자로는 '우물 정'인데 일본 한자로써는 덮밥을 위에서 본 모습을 연상하면 됩니다. 중국어로 덮밥은 까이판(盖饭)입니다. 盖은 '덮을 개', 힘은 산을 뽑고 기운은 세상을 덮는다는 역발산기개세(力拔山氣盖世)에서의 개입니다. 盖 글자 역시 상형문자는 아니지만 그릇(皿) 위에 담긴 양고기(羊)를 옆에서 본 모습을 상상하며 상형문자라고 연상하면 외우기 쉽습니다.

일본 돈부리와 한국 덮밥은 먹는 방법에 차이가 있어 돈부리 사용 설명서가 필요합니다. 가장 큰 차이는 돈부리는 떠먹는 음식, 덮

덮밥의 일본어 돈부리(丼, 동), 중국어 까이판(盖饭)

밥은 비벼 먹는 음식이라는 것입니다. 한국의 덮밥은 오징어덮밥, 제육덮밥, 잡채밥, 짜장밥 등 소량의 국물이나 걸쭉한 소스가 있어 비벼 먹기 좋게 되어 있습니다. 비빔밥처럼 빡빡한 음식은 잘 비벼 지도록 고추장과 참기름을 원하는 만큼 줍니다. 이에 비해 일본 사 람들에게 덮밥은 재료가 밥 위에 예쁘게 얹어져 있는 떠먹는 음식 일 뿐입니다. 일본에서는 장어덮밥 우나동, 튀김덮밥 텐동, 해산물 덮밥 카이센동 등 밥 위에 예쁘게 담긴 재료들을 젓가락으로 집어 먹지 마구 비벼서 숟가락으로 퍼먹진 않습니다. 잘 비벼지지도 않 을뿐더러 꾸역꾸역 비벼 놓아봤자 이상한 모습의 먹기 싫은 음식이 됩니다. 전주비빔밥도 우리에겐 비빔밥이지만 일본 사람들에게는 소고기민찌야채덮밥이라 비벼 먹는 걸 매우 어색해합니다. 카레, 마파두부밥도 우리는 비벼 먹고 그들은 떠먹습니다.

"일본 덮밥 떠먹어 봤는데 밥이 항상 남아서 짜증 납니다."라는 분 들 많습니다만 다섯 번 정도 덮밥을 먹어 보면 어떤 덮밥이든 밥과 재

일본 덮밥은 젓가락으로 밥과 재료를 함께 떠먹는 음식

료의 비율을 기가 막히게 잘 맞춰 먹게 됩니다. 일본 사람은 떠먹고 한국 사람은 비벼 먹는다는 차이를 이해해야 조금 더 편하게 일본 여행을 즐길 수 있습니다. 일본에서 덮밥 주문하고 "스미마셍, 코리안 핫 페퍼 페이스트 & 세서미 오일 오네가이시마스."라고 요청하지 않아도 되니까요. 그리고 그런 식재료는 일본 덮밥집에 없습니다.

이제 덮밥 골라 먹으러 출발합니다.

✱ 오야코동(親子丼)과 규동(牛丼)

오야코동(親子丼)은 '부모자식덮밥'입니다. 달착지근한 쯔유에 닭고기를 졸여 익히고 계란을 풀어 살짝 익힌 상태로 밥 위에 얹어 먹는 촉촉한 덮밥입니다. 닭고기(부모)와 계란(자식)이 들어간 덮밥이라 오야코동이라는 재미있는 이름을 붙였습니다. 무서운 이름이라 먹음직스럽지 않다고 생각하는 분도 있는데 엄마손파이 같은 무서운 과자도 맛있게 먹었으니 안심해도 좋습니다.

오야코동은 한국의 김밥처럼 간단히 먹을 수 있는, 비싸지 않은 한 끼 식사입니다. 일본 길거리 여행 중 살짝 출출한 기분이 들 때 다리도 쉴 겸 카페에 들어가 커피 한 잔 마시는 것도 좋지만, 오야코동 가게에 들어가 부모자식덮밥

오야코동

에 맥잔잔 마시며 쉬는 것도 괜찮습니다. 소위 말하는 단짠단짠의 훌륭한 조합이라 맛도 좋습니다.

"그래도 일본에 왔는데 500엔짜리 오야코동으로 배를 채우는 건 아깝지 않아?"라는 분들을 위해 2천 100엔짜리 최고급 오야코동을 먹을 수 있는 곳을 소개합니다. 도쿄 츠키지 시장 초입에 위치한 '토리메시 토리토(鳥めし鳥藤)'라는 오야코동 전문점입니다.

일본 길거리에 흔히 보이는 오야코동과 규동 간판

츠키지 시장은 세계 최대 수산시장입니다. 도쿄도 정비 계획에 의해 장내 도매 시장이 이전하고 장외 시장만 남아있는 이곳에 아침 7시부터 사람들이 모입니다. 수산시장이라 스시, 참치와 해산물을 먹으러 오는 사람들이 대부분인데 몇몇 특이한 사람들이 아침 7시 반부터 오야코동을 먹으러 어느 작은 가게에 줄을 섭니다. 그 중 한 명이 접니다. 호텔 조식을 좋아하는 제가 도쿄에 머물 때마다 하루 정도 조식을 포기하고 이곳의 오야코동 한 그릇 먹겠다고 아

토리메시 토리토

침 일찍 츠키지 시장에 와서 줄을 서곤 합니다. 토리토(鳥藤)는 1907년 창업한 닭/오리고기 도매회사인데, 이 회사의 직영 오야코동 밥집이 토리메시 토리토입니다. 당연히 최고 품질의 닭과 계란을 사용합니다. 시장통의 허름한 가게라 캐치테이블 예약이나 번호표 뽑는 기계 따위는 없습니다. 어느 5월, 20분 대기 후 카운터석에 자리를 잡았습니다. 이곳에서는 오야코동을 보통/상/특상 세 가지로 구분하여 팝니다. 보통이 1천 100엔인데 특상은 2천 100엔입니다. 양의 차이가 아닌 닭 품질 차이라 당연히 특상을 주문하였습니다. 다음엔 특상과 보통 두 개를 주문해서 맛을 비교해 봐야겠습니다.

토리메시 토리토의 오야코동

　일반 체인점의 오야코동은 주문하면 5분 안에 나오는 패스트푸드 덮밥입니다만 이곳에서는 주문 후 나올 때까지 10분 넘게 걸렸습니다. 주문과 동시에 조리를 시작해서입니다. 일단 비주얼은 합격, 완벽하게 먹음직스럽습니다. 계란 2개가 들어가는데 한 개는 풀어서 살짝 익혀 나오고 또 한 개는 날달걀 형태로 오야코동에 올려 줍니다. 노란색 노른자를 톡 터뜨려 밥 사이로 스며드는 모습이 아주 먹음직스러워 보입니다. 우선 부모(닭고기) 한 입. 쫀득하나 질기지 않습니다. 이런 닭고기라면 매일 먹을 수 있을 것 같습니다. 이어서 밥과 함께 한 입. 그리고 한 그릇 뚝딱. 딱딱하거나 건조한 음식이 아니라 7분이면 한 그릇 먹기 충분한 시간입니다. 이곳의 유일한 단점은 여기서 먹고 나면 다른 곳의 오야코동을 거들떠보지 않게 된다는 점입니다. 다음 도쿄 방문 때도 호텔 조식 대신 이곳의 오야코동을 먹을 예정입니다.

오야코동 이름에서 파생된 덮밥 종류가 몇 개 있습니다. 닭고기 대신 돼지고기나 소고기를 사용한 돼지고기계란덮밥 혹은 소고기

오야코동은 유대교 코셔 밀(Kosher meal)에서는 상상할 수 없는 음식입니다. 성경 출애굽기 23장 19절에 보면 "너희는 새끼 염소를 그 어미의 젖에 삶아서는 안 된다."라고 나와 있고 유대인들은 그 율법에 따라 음식에 유제품을 사용하지 않습니다. 식사 때 소고기를 먹을 수도 있는데 버터, 우유, 치즈 등의 유제품을 소고기와 같이 먹는 행위가 '어미의 젖인 우유에 삶는 것'과 동일하다고 여겨 율법에 어긋난다고 생각하기 때문입니다. 코셔 밀의 대표적인 예는 베이글입니다. 유제품을 쓰지 않고 물, 소금, 밀가루로만 만든 베이글은 원래 유대인의 빵입니다. 이스라엘 사람들은 오야코동을 잘 모를 테지만, 만약 오야코동의 존재를 알게 된다면 크림치즈 베이글이나 버거킹 치즈버거처럼 당황스러운 음식이라고 생각할 것 같습니다.

계란덮밥을 타닌동(他人丼, 타인동)이라고 합니다. 연어와 연어알을 올린 덮밥은 사케오야코동(鮭親子丼) 이라고 부릅니다. 그러고 보니 규동에 치즈를 올린 치즈소고기덮밥도 오야코동의 일종이네요.

사케오야코동

규동도 일본 사람들이 자주 먹는 패스트푸드 중 하나입니다. 얇게 썬 소고기, 양파를 간장/미림 육수에 끓여 밥 위에 얹어 먹는 덮밥으로, 주문하면 '다른 사람이 주문했다 취소한 걸 내게 준 건가?'라는 생각이 들 정도로 빨리 나옵니다. 500엔 미만의 싼 가격이라 오야코동과 더불어 간단히 후딱 한 그릇 먹고 나올 수 있는 음식입니다. 맥도널드 맥모닝처럼 규동 모닝 세트 메뉴도 있습니다.

누군가는 규동을 한국의 소고기국밥과 비교했습니다. 둘 다 얇게 썬 소고기를 주재료로, 미리 끓여 놓은 것을 퍼 주는 음식이라는 점에서 비슷합니다. 하나는 국밥, 하나는 덮밥이라는 차이가 있습니다만 규동도 국밥처럼 먹을 수 있습니다. '국물 많이'에 해당하는 주문이 '쯔유다쿠(つゆだく)'입니다. 다쿠다쿠(だくだく)는 몹시 흐르는 모양을 표현하는 부사 '줄줄'입니다. 반대로 '국물 빼고' 주문은 '쯔유누키(つゆ抜き)'입니다. 누키(抜き)에 대해서는 타누키소바 설명을 참고하면 됩니다. '양파 빼고'는 '다마네기누키', 설마 규동 시키면

5년 전 먹어본 단 한 번의 규동(귀한 사진입니다)

서 '규누키'라고 주문하는 사람은 없겠죠. 어른이 돼서 뭐 빼달라고 하면 엄마한테 혼납니다.

규동은 끓이는 음식입니다. 일본에서 가장 유명하고 대중적인 규동 체인점 요시노야의 홈페이지 메인에 있는 동영상을 보면 왜 규동이 빨리 나오는지 이해할 수 있습니다. 주문과 동시에 소고기와 양파를 굽기 시작하는 대신, 미리 끓여 놓고 국밥처럼 퍼 주기 때문입니다.

어쩐일인지 저는 규동의 맛을 자세히 기억하지 못합니다. 일본을 그리 많이 다녔음에도 사진첩을 확인해 보니 5년 전 딱 한 번 먹어본 것이 유일한 규동 섭취 이력입니다. 사진 찍은 시간을 보니 밤 10시 반, 아마 맥주를 신나게 퍼마신 후 호텔 근처에서 해장 목적으로 먹었던 것 같습니다. 아침엔 호텔 조식, 점심땐 면에 맥잔잔, 저녁엔 술집에서 야키토리에 맥잔잔 하느라 규동은 제 여행 패턴과 전혀 맞지 않는 음식이었지만, 해장 목적으로는 훌륭했다는 좋은 기억만 남아있습니다.

규동 사진은 한 장밖에 없지만 일본의 3대 규동 체인점 사진은 여러 장 가지고 있습니다. 여행 중 거리 사진을 찍으면서 식당 간판

요시노야, since 1959, 창업은 1899년

마츠야, since 1968

스키야, since 1982

사진도 찍는 것이 취미라 다행입니다. 심지어 세 곳이 어떤 메뉴를 파는 식당인지 사진 찍을 땐 몰랐습니다. 3대 규동 체인점은 요시노야(吉野家), 마츠야(松屋), 스키야(すき家)입니다. 규동이라는 표현은 요시노야에서 가장 먼저 사용했고 마츠야에서는 규동 대신 '규메시' 라는 표현을 씁니다. 한 그릇에 430~453엔(세전) 가격대입니다.

일본에서 쇼핑이나 식사할 때 세전/세후 가격에 대한 용어를 알고 있으면 편합니다. 세금 포함은 제이코미(税込, 세입), 세전 가격은 혼타이카카쿠(本体価格, 본체가격)이라고 합니다. 본체가격이라는 단어가 재미있습니다. 세금 불포함 가격을 제이누키(税抜, 세발)로 적기도 합니다. 여기서도 누키(抜), 뺀다는 단어를 사용합니다.

税込은 세후 가격, 本体価格과 税抜는 세전 가격

✿ 장어덮밥

한국 사람들이 먹는 장어는 네 가지입니다. 뱀장어와 곰장어는 소금구이나 양념구이로 먹고 붕장어는 회, 탕으로 먹습니다. 갯장어는 주로 칼집을 내어 샤브샤브로 먹습니다.

민물 장어 : 뱀장어(풍천장어)

바다 장어 : 먹장어(꼼장어), 붕장어(아나고), 갯장어(하모)

뱀/먹/붕/갯장어 모두 긴 물고기라는 뜻으로 장어(長魚)라 부르는데 일본에서는 각각의 이름이 따로 있습니다.

鰻
뱀장어
(우나기)

穴子
붕장어
(아나고)

鱧
갯장어
(하모)

우나기(鰻), 아나고(穴子), 하모(鱧) 중 일본에서 가장 많이 먹는 것은 우나기, 뱀장어입니다. 한국에서처럼 양념하여 숯불에 직화로 굽는데 우리는 손님이 직접 굽고 일본은 주방에서 구워 나오는 차이가 있습니다. 몇백 년 역사의 일본 장어집에서 소스 항아리를 한 번도 교체한 적이 없다고 가끔 해외 토픽에 소개되기도 합니다. 머리카락 같은 거 안 들어가나 모르겠습니다만, 어쨌건 그렇게 우나기를 양념해 굽는 방식을 카바야키(蒲燒)라고 합니다. 뼈를 발라 손질한 장어 여러 마리를 꼬챙이에 꿰어 소스 항아리에 담갔다 꺼내

우나기 카바야키

어 굽고 또 담갔다 꺼내어 굽는 것을 반복하는데, 꼬치에 꿴 장어의
모습이 늪지 식물인 부들과 닮아서 '카바(蒲, 가마) + 야키(焼)' 입니다.

　우나기 카바야키는 주로 덮밥으로 먹습니다. 우나기동(うなぎ丼)
혹은 우나기의 기를 생략하여 우나동(うな丼)이라고 합니다. 같은 우
나동인데 사각형 찬합에 담으면 우나주(うな重)라고 부릅니다. 주(重)
는 주바코(重箱)의 약자입니다. 주바코는 사각형 찬합으로 바코(箱, 바
코 또는 하코로 읽음)는 '상자 상'입

부들, 한자로 포(蒲), 일본어 발음으로는 카바(혹
은 가마)

니다. 홋카이도 도시 하코다
테에서의 하코, 예전 드라마에
서 갓 상경한 영자 씨가 살았
던 사글세 하꼬방(상자(하코)처
럼 작은 방이라는 뜻)의 하코
입니다. 일본 장어덮밥 집에서
우나동, 우나주를 같이 판다면

우나동과 우나주

나고야식 장어덮밥 히츠마부시

둥근 그릇이 우나동, 사각 그릇이 우나주입니다. 사각형이 원보다 많이 들어가므로 우나주가 우나동보다 비쌉니다.

우나기 카바야키를 히츠(ひつ)라는 고급스러운 그릇에 담아 파는 곳도 있습니다. 나고야의 히츠마부시(ひつまぶし)입니다.

히츠는 장어덮밥을 담는 나무 그릇입니다. 히츠의 모양은 다양합니다. "저런 히츠 그릇 집에 있으면 좋겠다."라고 생각하고 지내던 차에 후쿠오카 공항 면세점에서 히츠를 30% 할인해서 팔고 있길래 당장 두 개 사버렸습니다. '앞으로 히츠 그릇에 매주 두 번씩 덮밥 만들어 먹어야지'라고 생각했지만 한 달에 한 번도 사용하지 않습니다. 어쨌건 저는 대한민국에서 몇 안 되는 히츠 보유자입니다.

히츠마부시의 마부시(まぶし)는 마부스(まぶす)의 명사형입니다. 마부스는 소금이나 가루 등을 식재료에 바른다는 뜻으로 생선에 소금을 골고루 뿌리거나 떡에 콩고물을 앞뒤로 묻히는 등의 행위입니다. 장어덮밥에서의 마부시는 장어를 밥에 골고루 바른다(섞는다)는 의미입니다.

히츠마부시 원조 가게 중 하나라고 알려진 '아츠타호라이켄(あった蓬莱軒)' 홈페이지에 히츠마부시의 어원에 대해 자세히 설명되어 있습니다. 자세한 설명을 주관적으로 간단히 요약하면 다음과 같습니다.

메이지 시대에 들어 일본 사람들이 우나기를 많이 먹게 되었습니다. 배달도 많이 했는데 자꾸 그릇이 깨져서 잘 깨지지 않는 나무 밥통으로 바꾸었습니다. 나무 밥통 이름은 '히츠'입니다. 한편, 밥과 장어를 배달하면 사람들이 장어를 먼저 먹어버려서 밥이 항상 남았기에 우나기를 잘라서 밥에 골고루 섞어 배달하게 되었고, 장어를 밥에 묻힌다는 뜻으로 '마부시'라고 불렀습니다. 당시엔 1인 그릇 대신 아주 큰 히츠에 밥을 담아 배달했을 것입니다. 장어를 밥에 섞었다고 하니 지금 같은 먹음직스럽고 정갈한 히츠마부시의 모습도

아니었을 것입니다. 세월이
지나면서 1인용 히츠에 밥을
담고 장어를 밥 위에 곱게 올
려놓는 지금의 히츠마부시가
되었습니다.

마루야의 히츠마부시

나고야에서 가장 유명한
히츠마부시를 먹는다면 아츠
다호라이켄 본점에 가는 것이 좋지만, 나고야역에서 30분 거리에 대
기 기본 3시간이라 그냥 나고야역에 있는 마루야라는 가게에 방문하
였습니다.

히츠가 제 방향이 아닌 맞은편 벽 쪽에 놓여 있습니다. 히츠에
있는 덮밥을 빈 그릇에 덜어 먹는 것입니다. 같이 나온 나무 주걱은
덮밥을 더는 용도지 숟가락 용도가 아닙니다. 숟가락을 요청하니
웃으며 가져다주었습니다. 먹는 방법에 대한 설명이 적힌 코팅 종
이가 테이블마다 놓여 있습니다. 이런 것이 나고야식 B급 감성입니
다. 심지어 화살표로 그릇 이름, 토핑 이름까지 친절하게 일/영/한
3개 국어로 적혀 있습니다. 설명서대로 덮밥을 사 등분 하여 처음
엔 그냥, 두 번째는 파, 시소 잎, 와사비와 함께, 세 번째는 오차즈케
로 먹었습니다.

한국에서도 히츠마부시를 먹을 수 있습니다. 나고야 히츠마부시
와의 차이는 1.절임과 샐러드, 국이 리필된다는 점, 2.숟가락을 주는

히츠마부시를 먹는 세 가지 방법과 히츠마부시 먹는 설명서

점, 3.시소 잎 대신 깻잎 토핑을 주는 점입니다. 맛은 나고야 히츠마
부시가 조금 훌륭한 것 같긴 한데 베트남 가서 먹는 1천 원짜리 쌀국
수가 한국의 1만 원짜리 쌀국수보다 더 맛있는 것과 비슷한 이유일
것입니다. '여행'이라는 강력한 보정 상수가 곱셈 되어 있으니까요.
아무튼 맛있게 잘 먹고 나왔습니다. 다음 나고야 방문 땐 아츠다호라
이켄 본점에 가야겠습니다. 여행은 "이번에 못 하면 다음에 하면 되

지."라는 여유를 갖는 게 중요합니다. 다음에 못 가더라도 "이번 생에 못 가면 다음 생에 가면 되잖아."라고 생각하면 됩니다.

거의 모든 장어덮밥집에서는 장어계란말이를 사이드 메뉴로 팝니다. 자투리 장어를 해결하는 좋은 메뉴입니다. 계란말이 대신 계란 지단을 장어와 함께 밥에 얹어 주는 곳도 있습니다. 교토의 특별한 우나기동인 킨시동(金糸丼)입니다. 교토를 대표하는 우나기동 스타일이라기보다는 교토의 몇몇 가게에서 파는 우나기동입니다. 대표적인 두 가게는 '쿄고쿠카네요(京極かねよ)'와 '카네쇼(かね正)'입니다. 카네요에서는 지단을 이불처럼 덮어주고 카네쇼에서는 지단을 채 썰어 덮어줍니다. 이름이 헷갈리기 쉬운데 카네'요'는 지단을 담'요'처럼, 카네'쇼'는 지단을 '쇼'트커트한다고 외우면 됩니다. 이런 것을 왜 외워야 하는지 지금도 모르겠습니다.

킨시(金糸)는 금실입니다. 지단을 얇게 채 썬 모양이 금실을 닮아

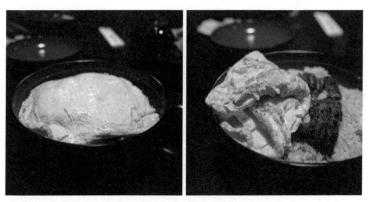

교토 쿄고쿠카네요의 우나기동은 지단이 밥과 장어를 덮고 있음

붙은 예쁜 이름입니다만, 카네요의 킨시동은 지단을 채 썰지 않고 부친 모양 그대로 우나기 위에 얹어 줍니다. 노란 이불 같다는 선입견 때문인지 음식이 푹신해 보입니다. 맛도 푹신푹신합니다. 따끈따끈한 지단에 밥 한 입, 카바야키한 우나기에 밥 한 입, 두 가지 덮밥을 먹는 것 같은 즐거움이 있는 음식입니다. 다음 교토 방문 때는 못 가본 카네쇼에 방문할 즐거운 계획을 세워 봅니다.

봉장어의 일본어는 아나고(穴子)입니다. 아나(穴)는 '구멍 혈' 자입니다. 봉장어는 바다의 모랫바닥에 구멍을 파고 들어가는 습성이 있어 아나고라는 이름이 붙었습니다. 한국에서도 봉장어 대신 아나고라고 흔히 부릅니다. '안하고'와 발음이 같아 아나고회 먹으러 가면 '하고 회는 안 파나요?'라는 썩은 개그 치는 아저씨가 일행 중 한 명은 꼭 있습니다. 그래서 저는 아저씨들과는 아나고회를 먹으러 가지 않습니다. 우리는 봉장어를 회나 탕으로 먹는데 일본에서는

히로시마의 아나고메시   한국의 봉장어회. 피에 소량의 독이 있어 탈수기로 짜서 만듦

튀김, 스시, 덮밥으로 먹습니다. 부드럽긴 한데 퍼석한 식감 때문에 한국에서건 일본에서건 붕장어는 민물장어보다 훨씬 쌉니다.

일본에서 붕장어덮밥으로 유명한 지역은 히로시마입니다. 카바야키한 붕장어를 한입 크기로 잘라 밥에 올리는데 아나고동 대신 아나고메시(飯)라고 부릅니다. 히로시마는 아나고메시 뿐 아니라, 국물 없는 탄탄멘, 매운 즈케멘, 히로시마식 오코노마야키 등 특별한 음식이 많아 의외로 '먹으러 가는' 도시 중 하나입니다.

★ 일본식 회덮밥, 카이센동(海鮮丼)

카이센(海鮮), '바다 해(海, 카이) + 생선 선(鮮, 센)'. 카이센동은 글자 그대로 해산물 덮밥입니다. 일본의 카이센동과 한국의 회덮밥은 다른 음식입니다. 회덮밥은 회와 야채를 얹은 밥을 고추장, 참기름 넣고 팍팍 비벼 숟가락으로 먹는 음식이고, 카이센동은 예쁘게 얹은 사시미와 밥을 간장, 와사비에 살짝 찍어 젓가락으로 떠먹는 음식

일본의 카이센동과 한국의 회덮밥

입니다. 회덮밥의 주재료는 회가 아니라 야채라고 우겨도 반박하기 어렵습니다만, 카이센동의 주인공은 논란의 여지 없이 화려하고 먹음직스럽게 올라간 해산물입니다.

빨주노초파남보 중 맛없는 색깔 파남보를 뺀 빨주노초와 흰색의 주연 배우들을 소개해 봅니다. 빨간 참치, 주황색 연어와 연어알, 노란색 계란말이와 성게알(우니), 초록색 와사비와 시소 잎, 흰색 오징어와 새우, 이런 구성의 카이센동을 숟가락으로 마구 비비는 행동은 미용실 막 다녀온 여자친구의 머리에 뜬금없이 오토바이 헬멧을 씌우는 것과 같은 어처구니없는 행위입니다. 상상만 해도 아찔합니다.

카이센동의 첫 번째 주인공은 빨간색 참치입니다. 일본어로는 마구로(まぐろ)입니다. 빨간색 참치지만 사실 마구로의 어원은 '새까맣다'입니다. 검다(黑, 쿠로) 앞에 강조하는 의미의 참 진(真)을 붙여 맛쿠로(真っ黑)라고 불르던 것이 마구로가 되었습니다. 원양 어선이 없던 시절 우연히 앞바다에 널어놓은 그물에 잡힌 참치가 살이 금방 까맣게 변질되어 먹으려 해도 먹기 애매해져 그런 이름을 붙였다고 합니다. 그러다 19세기 무렵, 우연하게도 에도(도쿄) 앞바다에서 참치가 많이 잡히기 시작했습니다. 해류의 변화, 수온의 변화 덕분이었겠지요. 많이 잡히니 많이 먹었을 겁니다. 그들은 참치의 붉은살(赤身, 아카미) 부위를 간장에 절여 먹었습니다. 단, 뱃살 부위는 기름이 많아 싫어하는 부위였기 때문에 폐기 처분하든지, 아니면 가난

한 사람들이 파를 넣어 참치 뱃살로 국을 끓여 먹었습니다. 네기마 구로나베(ねぎまぐろ鍋), 파참치전골입니다. 그 비싼 참치 뱃살을 국이나 끓여 먹었던 겁니다.

일본 사람들이 참치 뱃살의 기름진 고소함을 알아버린 시기는 제2차 세계대전 이후입니다. 주둔하던 미군이 먹던 스테이크의 맛을 알게 된 시점과 비슷합니다. 이때부터 국거리로 쓰던 참치 뱃살이 고급 식재료가 되어 스시로 먹게 되었습니다. 참치 뱃살 스시를 처음 판 가게는 1879년 창업한 도쿄의 '요시노즈시(吉野鮨)'입니다. 가게 홈페이지 첫 화면에 '참치 뱃살 스시 발상지'라 자랑스럽게 적혀 있습니다. 참치 뱃살을 도로(とろ)로 부른 유래도 소개되어 있습니다. 한 손님이 뱃살을 먹고 맛있다는 의미로 '입안에서 녹는 것 같다'고 한 것에서 도로케루 > 도로가 되었다고 합니다. 도로케루(とろける)는 녹아서 부드러워진다는 뜻입니다.

참치 살은 뱃살, 등살, 속살로 구분합니다. 뱃살은 오토로(大とろ), 중간 뱃살과 등살은 주토로(中とろ), 빨간 속살을 아카미(赤身)라고 합니다. 등살은 세토로(背とろ)라는 용어가 있긴 합니다만 직역하면 '등 뱃살'이라는 이상한 뜻이 됩니다. 우리는 참치를 해체하는 사람이 아니므로 정확한 해부학적 부위를 이해할 필요는 없습니다. 기름진 부위를 도로, 도로 중 아주 기름지면 오토로, 적당히 기름지면 주토로, 기름기 없는 빨간 부위는 아카미라 구분해 주문할 수 있으면 충분합니다.

한 점에 만 원 넘는 요시노즈시의 참치 대뱃살 스시

참치 뱃살, 도로   참치 빨간살, 아카미

우리가 참치로 부르는 생선에는 마구로가 아닌 '가쓰오'도 있습
니다. 우리말로는 가다랑어, 딱딱하게 말려 대패로 얇게 썰어 국물
을 내는 가쓰오부시로 만들거나, 캔 참치 용도로 사용하는 생선입
니다. 딱딱한(堅い, 카타이) 생선(魚, 우오), '카타이우오'를 줄여 가쓰오
로 불렀습니다. 가쓰오의 일본어 한자도 '굳을 견(堅)'이 들어간 鰹입
니다. 마구로보다 맛이 떨어져 고급 횟감은 아니지만 짚불에 겉을
구워 향을 입힌 후 소스를 발라 먹는 가쓰오타타키(鰹のタタキ)가 나

름 유명합니다. 타타키(タタ
キ)의 어원은 타타쿠(たたく),
두드린다는 뜻입니다. 소스
를 손으로 골고루 바르는 모
습을 '생선을 두드린다'고 표
현하여 타타키라고 합니다.
한국에서는 타타키가 타'다'
키로 잘못 알려져 있는데,
타'타'키가 맞습니다. 붓'카'
케우동이 맞고 붓'가'케우동
이 틀린 발음인 것처럼요.

다듬잇방망이처럼 딱딱하게 말린 가쓰오

참치와 관련해서 아주 창
피한 추억이 있습니다. 20대
초반, 여친과 참치 집에 갔
습니다. 특별한 날이었겠죠.
참치 한 번도 안 먹어본 제
가 마치 이런 데 자주 온 사
람처럼 익숙한 척을 했습니
다. 횟집에서 생선을 한 마
리 통째 주문하면 잘해 준다
는 말이 왜 하필 그때 생각

가쓰오를 대패로 썬 가쓰오부시

가쓰오타타키

났는지 아주머님께 허세를 떨며 주문했습니다. "참치 한 마리 주십시오." 아주머님은 웃으며 "음, 한 마리면 100명이 먹을 수 있는데 괜찮으시겠어요?" 2년 치 용돈 날릴 뻔했던 창피한 추억입니다.

카이센동의 두 번째 주인공은 주황색 연어와 연어알입니다.

주황색 식재료는 흔하지 않습니다. 감귤류, 당근, 호박, 연어, 송어, 연어알 정도? 이 식재료들은 맛뿐 아니라 음식의 예쁨을 담당하는 역할도 훌륭히 수행합니다. 김밥과 잡채를 만들 때 당근이 음식의 완성도를 높이는 중요한 역할을 하는 것처럼 카이센동에 올라간 연어와 연어알도 카이센동의 고급스러움과 사치스러움에 큰 역할을 하는 식재료입니다.

연어의 일본어는 두 개입니다. 사케(鮭, さけ) 그리고 사몬(サーモン)입니다. 사몬은 영어 salmon에서 온 단어입니다. 둘의 차이를 굳

주황색 재료

이 따지자면 노르웨이산 양식은 사몬, 바다에서 잡은 일본산은 사케입니다만 식약처 직원이 아니니 넘어가는 걸로. 사케의 원래 한자는 鮏입니다. 연어도 큰 생선이라 쉽게 변하기 때문에 비리다는 뜻의 鮏(비릴 성)을 사용했는데, 식재료 이

름을 '비리다'로 하니 어감이 너무 좋지 않아 비슷한 모양의 한자 鮏로 쓰게 되었습니다. 사케는 일본 술을 의미하는 사케(酒)와 동음이의어입니다. "사케에 사케 한 잔 할까요?"라는 말도 안 되는 썩은 개그를 하는 채성우 같은 아저씨를 아는데, 전

연어의 일본어 한자 鮏

그때마다 "이쿠라와 이쿠라데 쓰까?(연어알은 얼마야?)"라고 받아치곤 합니다. 이때 옆에 있던 백승욱 아저씨가 "우니 먹고 감동받아 우니?" 따위의 문법에 전혀 맞지 않는 말을 하여 분위기를 엉망으로 만들어버립니다. 사케(연어), 이쿠라(연어알), 우니(성게)의 일본어 단어, 평생 잊지 못할 겁니다.

이쿠라(イクラ)는 연어알입니다. 어란을 뜻하는 러시아어 '이크라'에서 온 단어로 일본에서 이쿠라는 어란 중 연어알을 특정하는 단어입니다. 날치알, 명란 등 다른 생선의 알과 달리 약 5밀리미터 두께의 큼지막한 이쿠라는 카이센동의 단골 식재료입니다. 예쁘기도 하고 입안에 넣고 혀로 누를 때 툭 터지는 식감 때문에 비싼 식재료임에도 사람들은 이쿠라에 열광합니다.

이쿠라를 공깃밥만큼 먹을 수 있는 곳이 한 곳 있습니다. JR 오타루 역 앞의 도미 인 프리미엄 오타루 호텔의 아침 뷔페입니다. 주걱으로 원하는 만큼 이쿠라를 퍼서 밥 위에 얹어 먹을 수 있는 곳으

이쿠라 듬뿍 이쿠라동

로, 이 호텔에 두 번 투숙하면서 아침에 먹은 이쿠라가 제가 평생 먹은 이쿠라 양의 50% 이상일 겁니다.

카이센동의 세 번째 주인공은 노란색 성게알입니다. 정확히는 성게 생식소(난소, 정소)인데 다들 성게알로 부릅니다. 일본어로는 우니(ウニ), 한자로 海胆, 海栗, 雲丹 인데 모두 '우니'라고 읽습니다. 가시 수북한 겉모습이 밤송이 같아 바다의 밤(栗)이라는 뜻으로 海栗, 노란 성게알의 모습과 식감이 동물의 쓸개 같아서 海胆입니다. 담(胆)은 담낭, 담석증에서의 쓸개입니다.

일본 사람들이 먹는 생선알의 일본어 이름을 나열해 봅니다. 아들 자(子) 접미사가 붙는 경우가 많습니다.

이쿠라(イクラ) : 연어알
토비코(飛子, とびこ) : 날치알
가즈노코(数の子, かずのこ) : 청어알
멘타이코(明太子, めんたいこ) : 명란
캬비아(キャビア) : 캐비어

우니 손질하는 모습   한 그릇 5천 엔 이상의 우니동

　우니는 비싼 식재료입니다. 카이센동에 우니가 들어있는지 아닌지에 따라 가격이 크게 달라집니다. 오사카 쿠로몬 시장에서 우니 다듬는 걸 본 적 있습니다. 졸졸 흐르는 수돗물을 흘려보내며 조심스럽다 못해 소심하게 핀셋으로 우니를 분리하는 모습에서 영화 《아웃 오브 아프리카》의 로버트 레드포드가 메릴 스트립의 머리를 감긴 후 행여 거품 튈세라 정성껏 헹구는 장면이 연상되었습니다. 우니가 왜 비쌀 수밖에 없는지 1분 만에 이해하였습니다. 직접 이유를 확인하고 싶은 분들은 오사카 쿠로몬 시장이나 교토 니시키 시장, 삿포로 니조 시장, 도쿄 츠키지 시장을 한 바퀴 둘러볼 것을 추천합니다.

　우니만 얹은 우니동(ウニ丼)은 한 그릇에 5천 엔 이상 합니다. 비슷한 이름, 비슷한 가격의 장어덮밥 우나동처럼 비쌉니다만 일본에 가면 그동안 열심히 산 나에게 선물하는 기분으로 "옛다 모르겠다."

라며 한 그릇 플렉스하는 것도 즐거운 경험입니다.

카이센동의 네 번째 주인공은 흰색 새우, 가리비 관자, 오징어입니다. 새우의 일본어는 에비(エビ), 등이 굽은 모습에서 바다(海)의 늙은이(老)라는 의미로 '海老'라고 쓴다고 1장 아게모노 편에서 설명하였습니다. 새우의 원래 한자는 하(蝦)입니다. 새우를 갈아 식빵 사이에 넣고 튀긴 멘보샤의 샤(蝦)가 새우라는 뜻이고 민물새우로 담근 토하젓, 대하 소금구이의 '하'도 새우입니다. 참고로 한국의 대하드라마에는 새우가 출연하지 않습니다.

관자는 조개의 껍질을 열었다 닫는 근육 부위입니다. 일본에서는 조개(貝, 가이)의 기둥(柱, 바시라)이라는 뜻으로 '가이바시라'라고 하

바다 해(海)가 접두사로 붙은 일본 해산물 이름이 몇 개 있습니다.

에비(海老) : 새우, 등이 굽어 바다의 늙은이라는 뜻
쿠라게(海月) : 해파리, 둥근 모습이 바다 위에 뜬 달이라는 뜻
우니(海胆, 海栗) : 성게알, 정확히는 성게 생식소
나마코(海鼠) : 해삼, 바다의 쥐처럼 생겼다는 뜻
노리(海苔) : 김, 바다의 이끼라는 뜻

고 조개 기둥(貝柱)의 일본어 한자를 우리식으로 읽어 '패주'라고 합니다. 작은 조개의 관자는 먹을만한 게 없어 주로 가리비, 키조개 관자를 먹는 용도로 사용하는데 키조개 관자보다 가리비 관자가 부드러워서 카이센동의 재료로 많이 사용합니다. 가리비가 한쪽 껍질을 열고 바다에 떠다니는 모습이 돛단배 같다고 하여 가리비의 일본어는 호타테가이(帆立貝, ホタテガイ)입니다. 범선, 출범의 돛 범(帆), 설 립(立), 조개 패(貝)입니다.

오징어는 다음 장 스시 편에서 다른 두족류와 같이 설명하겠습니다.

재료 이름이 들어가지 않은 특이한 이름을 가진 카이센동이 있습니다. 도쿄의 츠지항이라는 식당에서 파는 제타쿠동(贅沢丼, ぜいたく丼)입니다. 제타쿠는 사치라는 뜻, 즉 제타쿠동은 '사치 덮밥'입니다. 한국에서 사치는 부정적인 의미입니다만 일본의 제타쿠는 약간

가리비는 호타테가이

의 긍정적인 뉘앙스가 있습니다. 호사스러움을 즐긴다, 플렉스 정도의 의미로 받아들이면 무난합니다. 제타쿠동이라는 이름으로 예상할 수 있듯이, 마구로를 다지고 우니, 이쿠라, 청어알, 게살을 한라산처럼 수북하게 올린 호사스러운 카이센동입니다. 제타쿠는 한국에서 안 쓰는 단어인데도 예전에 많이 들어본 기억이 나서 곰곰이 생각해 보니 에비스 맥주 CM에 나오는 가사 일부였습니다. 조토 제타쿠나 비루(ちょっとぜいたくなビール), '조금은 사치스러운 맥주'라는 기분이 좋아지는 가사입니다. 에비스 맥주를 마시면 실크 마시는 느낌이 들어 조금은 사치스럽다는 느낌이 드는 건 맞긴 합니다.

츠지항의 제타쿠동

216

스시 먹고
힘내야지?

✳ 스시의 다양한 형태

〔쥐다〕 : 니기루(握る), 니기리즈시

〔말다〕 : 마꾸(巻く), 마끼즈시

〔뿌리다〕 : 치라스(散らす), 치라시즈시

〔누르다〕 : 오스(押す), 오시즈시

스시는 쌀밥 위에 어패류 등의 식재료를 올린 일본 음식입니다. 밥에 식초, 설탕, 소금으로 간을 해서 한국에선 초밥이라고 부르고 일본에서는 寿司, 鮨, 鮓로 표기합니다. 20년 전에는 '김수사', '최수사' 같은 일식집이 많았는데 그 수사가 일본어 스시(寿司) 한자를 우

'쥐다'라는 뜻을 강조한 니기리즈시

리말로 읽은 것입니다.

스시 만드는 모습을 상상할 때 누구나 밥알을 손으로 쥔 후 생선을 얹어 손님 앞에 내는 쉐프의 모습을 떠올릴 것입니다. '니기리즈시'입니다. 가장 흔한 형태의 스시로, 니기루(握る)는 쥐다, 우리 한자로는 쥘 악(握), 악수, 분위기 파악, 조직 장악의 악입니다.

밥알을 쥐어 만든 가장 흔한 니기리즈시 이외에 김에 재료와 밥을 말아 만드는 마끼즈시, 밥 위에 재료를 뿌리는 치라시즈시, 틀에 넣고 눌러 만드는 오시즈시도 있습니다.

마끼즈시(巻き寿司)의 마끼는 마꾸(巻く)의 명사형입니다. 둥글게 만다는 뜻입니다. 한국 일식집에서 튀김 나온 후 항상 묻는 질문, "식사는 마끼와 알밥 중 무엇으로 하시겠습니까?"에서의 마끼입니다. 그 질문에 전 항상 영어로 대답합니다. "both." 말 권(巻)은 책이라는 뜻도 있고 책을 세는 단위이기도 합니다. 옛날엔 책을 두루마

후토마끼 vs 호소마키

리처럼 말았기 때문에 같은 한자를 사용합니다. 마끼즈시의 예로, 한국에서도 흔히 먹는 굵은(太) 김초밥 후토마끼(太巻き), 한 가지 재료만 넣어 만든 작은(細) 호소마키(細巻き) 등이 있습니다.

　그릇에 밥을 담고 다양한 재료를 예쁘게 얹어 먹는 스시도 있습니다. 치라시즈시(散らし寿司)입니다. 흩어질 산(散), 분산, 확산의 산입니다. 일본어 '치라스'는 '뿌리다'라는 뜻입니다. 연예인, 정치인들 루머를 뿌리는 증권가 찌라시와 같은 단어입니다. 물론 요리사들이 공중에서 소금 뿌리듯 광어, 도미를 1미터 높이에서 뿌려대는 건 아닙니다만 다양한 색깔의 재료를 밥 위에 얹는 것을 뿌린다고 표현한 것입니다. 치라시즈시는 앞에 소개한 일본식 회덮밥 카이센동과 거의 유사한 음식입니다. 굳이 둘을 구별하자면 밥의 차이입니다. 치라시즈시는 스시이므로 밥에 배합초를 섞어 만들고 카이센동은 덮밥이므로 밥에 식초를 사용하지 않습니다. 다만 카이센동의

재료를 얹어 만드는데 '뿌리다'는 의미인 치라시스시

밥에도 배합초를 섞는 경우가 많으므로 스시집에서 팔면 치라시즈시, 덮밥집에서 팔면 카이센동이라고 생각해도 됩니다. 평양냉면과 막국수의 차이가 냉면집에서 팔면 평양냉면, 막국숫집에서 팔면 막국수인 것과 비슷합니다.

간사이 지역에는 밥과 재료를 누름틀에 담아 눌러 만든 사각형 모양의 스시가 있습니다. '눌러 만들었다'고 하여 오시즈시(押し寿司)입니다. 오시(押し)는 누를 압(押), 압정, 압류의 압입니다. (당구 칠 때 공 윗부분을 밀어 치는 것을 오시라고 불렀던 적도 있습니다) 오사카에서는 나무상자에 넣어 만든 스시라는 뜻으로 오시즈시를 하코즈시(箱ずし)라고 부릅니다. 오시즈시의 대표적인 예는 나라현의 특산품 '카키노하즈시(柿の葉ずし)'입니다. 보존 목적으로 스시를 감(柿, 카키)의 잎(葉, 하)에 싼 것입니다. 나라역에 내리면 카키노하즈시 파는 곳이 많습니다. 한국에서 볼 수 없는 형태의 스시이므로 한 번쯤 맛보는 것도 좋은 경험입니다.

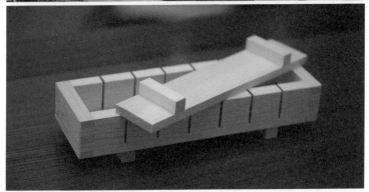

밥과 재료를 누름틀에 넣고 꾹꾹 눌러 만드는 오시즈시와 누름틀

나라현 특산품 카키노하즈시(감잎스시)

스시의 여러 형태 중 만들기도 편하고 먹기도 편한 것은 니기리즈시입니다. 한 개 만드는 데 5초밖에 걸리지 않고 젓가락이나 손으로 집어 한입에 먹기 딱 좋은 크기입니다. 니기리즈시는 원래 19세기 에도(지금의 도쿄)의 패스트푸드였습니다. 당시 에도는 1백만 명이 살던 일본의 중심지로 수많은 관료, 하인, 상인, 일꾼이 모여들었고 그들은 노점상에서 국수, 스시, 튀김 같은 음식을 사 먹고 다녔습니다. 예전의 스시 만드는 방식으로는 몰려드는 손님을 감당할 수 없었기에 1824년 하나야 요헤이라는 사람이 밥에 숙성하지 않은 생선을 얹어 주는 니기리즈시를 최초로 만들었습니다. 1824 외우는 방법, '824(빨리사)'입니다.

원래의 스시는 숙성시킨 생선을 먹는 것이었습니다. 벼농사를 짓는 지역에서는 논과 물이 필수인데, 물에 사는 물고기를 잡아 장기 보존을 위해 밥과 생선을 함께 담아 오래 숙성시켰습니다. 젖산 발효로 신맛 가득해진 생선을 먹은 것이 스시의 시초입니다. 나레즈시(熱鮨), 즉 숙성스시입니다. 일본에서 가장 큰 호수 비와호 주변에 가면 후나즈시(붕어초밥) 파는 곳이 많은데 후나즈시가 대표적인 나레즈시입니다. 1년 이상의 숙성 기간동안 삭은 밥은 버리고 생선만 먹는 형태였는데 언젠가부터 1, 2개월 정도만 발효시켜 밥도 먹고 생선도 먹기 시작했습니다. 또 언젠가부터 '굳이 숙성으로만 신맛을 낼 필요 없지 않아?'라는 생각에 식초를 사용하기 시작했습니다. 빨리 만든다는 의미로 하야즈시(早ずし)라 불렸습니다. 하야즈시

의 업그레이드된 형태가 니기리즈시입니다. 만들기 편하고 먹기 편한 니기리즈시는 에도의 인기 메뉴가 되었습니다.

비와호 명물 후나즈시(붕어초밥)

에도의 인기 메뉴 니기리즈시가 일본 전역으로 퍼진 계기가 둘 있습니다. 첫 번째 사건은 1923년의 관동 대지진입니다. 난리가 난 도쿄에서 일자리를 잃은 스시 장인들이 고향으로 돌아갔습니다. 먹고 살 방도는 스시 만드는 재주뿐이었던 그들은 도쿄에서 만들던 니기리즈시를 고향에서 팔기 시작했습니다. 니기리즈시가 일본 전국으로 퍼지게 된 것입니다. 두 번째 계기는 1947년 '음식 영업 긴급 조치령'입니다. 패전 후 쌀이 부족하여 일본 정부가 대부분의 음식점 영업을 하지 못하게 한 조치입니다. 이에 도쿄의 스시 가게 사장님들이 사활을 걸고 도쿄 시청에 건의하였습니다. "손님이 쌀을 가지고 오면 그 쌀로 스시를 만들어 파는 것 정도는 허락해 달라." 시청에서는 쌀은 1인당 1홉, 1홉당 스시 10개라는 조건으로 스시 위탁 가공업을 허락해 주었습니다. 위 조건으로 만들 수 있는 스시는 니기리즈시밖에 없었기에 니기리즈시가 일본 전 지역에서 가장 일반적인 스시가 되었습니다.

쌀 1홉은 약 180밀리리터, 1되는 약 1천 800밀리리터입니다. 저울 같은 건 귀한 도구였을 터이니 쌀을 무게보다 홉/되/말 등의 부피로 측정했을 겁니다. 혹시 집에서 쌀 1홉으로 밥을 하고 싶은 분들은 자판기용 종이컵 용량이 180밀리리터이니 종이컵 가득 쌀을 담아 밥을 지으면 됩니다. 쌀 1홉의 무게는 160그램, 밥을 지으면 수분을 먹어 300그램이 조금 넘게 됩니다. 300그램의 밥을 밥그릇에 담아 본 적 있는데 아주 푸짐한 고봉밥입니다. 1홉으로 만든 스시 10개는 밥 300그램으로, 당시엔 1인분이었겠지만 요즘으로 치면 꽤 많은 양입니다. 스시 한 개당 밥이 30그램이었으니 한 입에 먹기 불편했을 겁니다. 거의 주먹밥 수준인 스시를 둘로 쪼개 먹기도 했을 텐데 그 흔적이 회전초밥집에서 한 접시에 똑같은 스시 두 개를 주는 습관으로 남아있습니다.

밥 20그램(위)과 10그램(아래)

회전초밥 집에서는 한 접시에 동일한 스시 두 개가 나옴

스시의 밥을 '샤리'라고 합니다. 밥의 모양이 부처님 사리와 비슷하여 부르는 이름입니다. 일본에서도 요즘엔 스시 한 개당 샤리를 15그램~20그램으로 줍니다. 한국 사람들은 밥 많은 것을 싫어해서 12그

224

램~13그램, 한국 회전초밥집에서는 샤리 10그램으로 스시 한 개를 만들어주는 곳도 있습니다. 접시를 많이 팔아야 하니까요. 회전초밥집에서 스시를 뒤집어 밥의 양을 확인해 보면 '이래서 초밥을 20 접시 먹을 수 있구나'라는 깨달음을 얻을 것입니다.

★ 스시 이름의 일본어 "최적의 한자를 찾고 없으면 만들자."

鮃	鯛	鮭	鮪
광어	도미	연어	참치
(히라메)	(다이)	(사케)	(마구로)
鯖	鰺	鰊	鰯
고등어	전갱이	청어	정어리
(사바)	(아지)	(니싱)	(이와시)
鰤	鰻	鱧	鮑
방어	장어	갯장어	전복
(부리)	(우나기)	(하모)	(아와비)

한국은 생선 외모 지상주의입니다. 어종의 생긴 모양에서 특징을 따 생선 이름을 붙였습니다. 길어서 장어(長魚), 푸른색이어서 청어(靑魚), 살결이 소나무 같아서 송어(松魚), 넓어서 광어(廣魚), 먹물을 뿜으니 글을 안다고 문어(文魚)라고 부릅니다. 일본에서는 생선의

생김새와 여러 요소를 고려해서 최적의 한 글자 한자로 이름을 붙였습니다. 적절한 한자가 없다면 고기 어(魚)가 포함된 새로운 한자를 만들어 불렀습니다. 예를 들어 광어는 평평한 생선이라는 의미로 고기 '어(魚) + 평평할 평(平)'을 써서 '鮃(히라메)', 고등어는 푸른 생선이라는 의미로 고기 '어(魚) + 푸를 청(靑) = 鯖(사바)'입니다. '가장 적절한 한자를 찾고 없으면 만들자'라는 노력은 생선 이름에서뿐 아니라 췌장, 동맥, 정맥 같은 의학 용어, 산소, 수소, 질소 같은 과학 용어에서도 그 흔적을 쉽게 찾을 수 있습니다.

"생선 이름까지 일본어로 알아야 해?"라는 질문에 대한 답은 다음과 같습니다. "모르고 매번 구글 검색하는 것보다 외워 두면 훨씬 편함." 저는 어설픈 회화 공부보다 일본어 생선 이름 외우기 같은 것들이 진정한 생활 일본어 공부라고 생각합니다. 10여 년 전 미국 보스턴에서 스시 레스토랑에 간 적이 있었습니다. 메뉴판엔 당연히 영어와 일본어로 스시 이름이 적혀 있었습니다. 도미는 sea bream/たい(tai), 방어는 yellow tail/ぶり(buri), 이런 식이었습니다. 도미의 영어 발음 주의! 스시의 영어 이름이나 일본어 이름을 모르는 제 지인들은 메뉴판만 유심히 쳐다보며 물 한 잔 마셨다 메뉴판 쳐다보기를 무한 반복하고 있었습니다. 그때, 구세주처럼 등장한 제가 그들이 먹고 싶은 스시를 배가 터질 때까지 주문해 주었습니다. 그들이 고맙다며 제게 한마디 했습니다. "넌 맨날 맥주만 퍼마시는 게 아니었구나." 지금도 일본어 회화를 하지 못합니다만 세계 어디서든 스시 메뉴판을 읽고 먹고 싶은 스시를 마음껏 먹을 수 있습니다. 냠냠.

생선의 일본어 이름을 알아야 편하게 스시를 먹을 수 있음

　일본어 생선 이름을 외울 때 각각의 생선에 해당하는 한자도 외우면 좋습니다. 고급 이자카야나 가이세키 음식점에서는 생선 이름이 한자로 적혀 있기 때문입니다. 다행히 생선의 일본어 한자는 나름의 뜻이 있고 고기 어(魚)가 포함된 한 글자 단어라 외우기 어렵지 않습니다. 이 책은 대한민국 최초로 일본어 생선 한자의 유래를 정리했다고 주장하는 책입니다. 하지만 교과서가 아닌 여행 서적이므로 학문적 근거는 빈약하다는 점을 알려 드립니다. 참치, 연어는 카이센동 편에서 설명하였습니다.

　가장 인기 있는 흰 살 생선 스시는 광어와 도미, 그리고 가자미입니다. 각각 히라메(鮃), 다이(鯛), 가레이(鰈)입니다. 광어는 평평해서(平) 鮃 한자를 사용한다고 설명한 바 있습니다. 도미는 일본 주변 어디서든 1년 내내 잡히는 생선이라는 의미로 두루, 널리라는 뜻의 주(周)를 써서 鯛(다이)입니다. 가자미는 식물의 잎사귀처럼 넓어서

광어, 鮃(히라메)

도미, 鯛(다이)

잎 엽(葉)을 붙여 鰈(가레이)라고 합니다.

사실 일본에서 먹어야 할 스시는 히카리모노(光り物)입니다. 스시에 올리는 생선 중 껍질이 청색, 은색으로 빛나 보이는 생선류입니다. 고등어, 청어 같은 등푸른생선류, 학꽁치, 보리멸 같은 생선류가 히카리모노입니다. 쉽게 산패되고 특유의 비린 향에 대한 호불호가 있어 한국 회전초밥 집에서는 웬만하면 취급하지 않고 고급 스시 레스토랑을 가야 먹을 수 있는 스시입니다만 일본에서는 비싸지 않은 회전초밥 집에서도 여러 종류를 팔기 때문에 일본에서 먹어야 할 스시 1순위입니다.

히카리모노, 은빛 껍질 생선

시메사바, 고등어 초 절임(왼쪽) 고등어 봉초밥, 사바보우즈시(오른쪽)

　가장 대표적인 히카리모노는 고등어입니다. 고등어는 푸른색이어서 푸를 청(青)을 붙여 '사바(鯖)'라고 부릅니다. 안 되는 일을 부탁하는 행동을 사바사바라고 하는데 그 사바가 바로 고등어입니다. 쉽게 산패되는 등푸른생선의 특성상 식초에 절여 먹기도 합니다. 고등어 초 절임, 시메사바(締鯖)입니다. 생선 등을 식초에 절이는 것을 시메루(締める)라고 합니다. 교토에선 시메사바와 밥을 봉(棒)처럼 말아 만든 스시가 유명합니다. 고등어 봉초밥, 사바보우즈시(鯖棒ずし)입니다.

　전갱이는 3월에 먹었다고 하여 석 삼(参)을 붙여 '아지(鯵)'입니다. 고등어와 비슷한 생선으로, 고등어는 영어로 Mackerel, 전갱이는 Japanese jack(horse) mackerel입니다. 일본 사람들은 전갱이를 좋아합니다. 스시, 사시미로 먹을 뿐 아니라 작은 전갱이를 빵가루 입혀 튀긴 아지후라이도 자주 먹습니다. 공교롭게 전갱이도 아지, 맛(味)의 일본어도 아지라 '전갱이=맛있는 생선'이라는 의미를 부여하

아지. 전갱이 스시   아지후라이. 전갱이 튀김

곤 합니다. 한국에서는 전갱이를 자주 먹진 않습니다만 제주도에서는 각재기조림과 각재기국을 먹습니다. 각재기는 전갱이의 제주 사투리입니다. 제주시 앞뱅디식당이 각재기 음식으로 유명합니다.

정어리는 약하다(弱)는 의미로 이와시(鰯)입니다. 약해서 다른 물고기의 먹이가 된다는 뜻도 있고, 쉽게 산패되는 약한 생선이라는

정어리 스시. 이와시(鰯)

의미도 있습니다. 정어리 스시는 한국의 고급 스시 레스토랑에서도 잘 나오지 않습니다. 신선한 상태로 먹기 어려워서라고 합니다. 하지만

청어 스시. 청어 사시미의 촘촘한 칼집은 잔가시째 먹기 위한 것

일본의 회전초밥 가게나 다치노미(서서 먹는 가게)에 가면 정어리 스시를 쉽게 맛볼 수 있습니다. 꽁치 통조림의 꽁치를 얹은 것처럼 흐물거리는 식감이지만 그게 또 정어리 스시의 매력입니다.

청어는 니싱입니다. 일본어 한자로는 鰊입니다. 원래 작은 생선인 청어에 완전히 자란 것이 아니라는 의미로 아닐 비(非)를 붙였다고 합니다. 청어의 다른 한자로 鰊를 쓰기도 하는데 잘 몰라서 그냥 외웠습니다.

청어 구이를 먹어본 사람들은 청어의 잔가시가 발라 내기 귀찮을 정도로 많아 대충 잔가시째 먹은 경험이 있을 겁니다. 청어 스시도 잔가시가 많아 칼집을 촘촘히 내서 줍니다.

전어는 고노시로, 일본어 한자로 鰶 혹은 鮗입니다. 가을에 잡아 절여 놓았다가 겨울(冬)에 먹는다는 의미로 鮗, 가을 제사(祭) 때 올

전어. 고하다.　　　　　꽁치 사시미와 꽁치 스시

렸다고 하여 鰶 한자를 썼습니다. 전어는 크기에 따라 이름이 다양
합니다. 15센티미터면 고노시로(このしろ), 10센티미터 정도 크기면
고하다(こはだ), 아주 작은 새끼 전어를 신코(しんこ, 親子)라고 부릅니
다. 오야코동(親子丼)에서는 親子를 오야코로 읽고 새끼 전어(親子)는
같은 한자인데도 신코, 읽는 법이 다른 점이 특이합니다. 한국에서
는 집 나간 며느리가 돌아올 정도로 전어 굽는 냄새를 좋아하는데
일본에서는 '아이 태우는 냄새'라며 싫어하는 것도 특이합니다.

　　카리모노로 꽁치, 학꽁치가 있습니다. 둘 다 한자 한 글자를 사
용하지 않고, 생긴 모양을 딴 단어를 씁니다. 꽁치는 칼(刀)처럼 생
긴 가을(秋) 생선이라는 의미로 산마(秋刀魚, さんま), 학꽁치는 주둥이
가 바늘처럼 뾰족하여 사요리(針魚 혹은 細魚, さより)입니다. 꽁치는 잡
자마자 죽어버리기 때문에 한국에서 스시로 먹는 것이 거의 불가능
하니 혹시 일본에서 판다면 무조건 먹어봐야 합니다.

머리에 발이 달린 두족류도 스시로 많이 먹습니다. 오징어와 한치, 문어와 낙지인데 일본에서는 오징어와 한치를 구별하지 않고 이카(烏賊), 문어와 낙지를 구별하지 않고 타코(蛸)라고 합니다. '왜 구별을 안 하는 거지?'라고 의아해하진 마십시오. 우리도 라거, 에일, 스타우트를 구별하지 않고 맥주로 부르기도 하고 와인, 위스키, 코냑을 구별 없이 양주로 부르던 시절도 있었으니까요. 오징어의 한자는 오적(烏賊), 까마귀(烏) 도둑(賊)이라는 뜻입니다. 오징어의 까만 먹물이 까마귀를 잡아먹어서 그렇다고 생각했었나 봅니다. 오적어에서 오징어가 되었습니다. 실제로 까마귀를 잡아먹는 것은 아니니 오징어를 너무 무서워할 필요는 없겠습니다. 문어는 타코(蛸)입니다. 거미를 닮았다고 하여 거미(蛸)의 한자를 그대로 사용합니다. 스시는 아니지만 타코와사비, 타코야끼 등은 한국에서도 익숙한 음식입니다. 주꾸미는 이이다코(飯蛸)입니다. 직역하면 '밥문어'인데 알이 가득 밴 주꾸미의 모습이 밥알이 들어있는 모양이라 이이다코라 불렀습니다.

오징어(이카)

복어(후구)

복어는 몸을 돼지처럼 뚱뚱하게 부풀릴 수 있어서 '강의 돼지', 후구(河豚)입니다. 일본에서 복어를 편하게 먹을 수 있는 곳은 혼슈의 서쪽 끝 시모노세키입니다. 시모노세키의 가라토시장은 일본 최대 복어 시장입니다. 2, 3미터 길이의 복어 조형물이 여기저기 세워져 있고 심지어 맨홀 뚜껑에도 복어를 새겨 놓았습니다. 임진왜란 당시 시모노세키에 모여 출병을 앞둔 시골 병사들이 복어를 먹고 죽는 일이 많아지자 도요토미 히데요시가 복어 금지령을 내렸을 정도입니다. 주말과 공휴일에는 가라토시장에 스시 시장이 열립니다. 2023년 3월 아들과 복어 스시, 사시미를 사서 바다가 보이는 2층에 올라가 아사히 맥주 한 캔과 함께 먹었던 추억이 입력되어 있습니다.

가라토 시장의 복어 스시와 복어 사시미

흰살 생선 - 　광어　：鮃(ひらめ, 히라메)

　　　　　　　도미　：鯛(たい, 다이)

　　　　　　　가자미　：鰈(かれい, 가레이)

　　　　　　　농어　：鱸(すずき, 스즈키)

히카리모노 - 　고등어　：鯖(さば, 사바)
(등푸른생선)
　　　　　　　전갱이　：鯵(あじ, 아지)

　　　　　　　청어　：鰊(にしん, 니싱)

　　　　　　　정어리　：鰯(いわし, 이와시)

　　　　　　　전어　：鰶·鮗(このしろ, 고노시로), こはだ(고하다)

기타 - 　　　공치　：秋刀魚(さんま, 산마)
히카리모노
　　　　　　　학공치　：針魚, 細魚(さより, 사요리)

두족류 - 　　문어　：蛸(たこ, 타코)

　　　　　　　오징어　：烏賊(いか, 이카)

기타 - 　　　복어　：河豚(ふぐ, 후구)

　스시는 아니지만 한국 횟집에서 먹는 음식 두 가지도 함께 소개
합니다. 세꼬시와 서더리탕입니다. 세꼬시는 뼈가 억세지 않거나
작은 생선을 뼈째썰기하여 먹는 방법으로, 이름은 일본어 세고시(背

越し)에서 왔습니다. 越(넘을 월)은 능력 탁월, 월권 행위의 월입니다. 일반적인 횟감용 생선은 3장 뜨기라고 살 두 장과 등뼈 한 장으로 분리되도록 수평으로 칼질하는데 세고시는 칼이 생선의 등(背)을 넘어(越し)가도록 수직으로 뼈째 썹니다. 가을의 전어 세꼬시, 봄의 도다리 세꼬시회에 소주 한잔 생각납니다.

한편, 뼈째썰기를 하지 않는 큰 생선은 3장 뜨기로 살 두 장을 분리합니다. 살을 뜨고 남은 부위를 순우리말로 '서덜'이라고 합니다. 서덜로 끓인 탕이 서덜탕입니다. 서더리탕이라고도 하는데 국어사전엔 서덜탕이 맞다고 나와 있습니다. 언젠간 짜장면처럼 서더리탕도 표준어가 되겠지요. 서덜탕의 일본어는 아라지루(粗汁)입니다. 粗는 거칠 조, 조잡하다의 조입니다. 살을 발라낸 나머지 생선 부위는 깔끔하지 않고 거친 느낌이라 粗(아라)라고 하는 것 같습니다.

일본의 서덜탕, 아라지루

일본 술집의 가장 흔한 안주,
야키토리(燒鳥)

머리에 수건을 두른 직원이 꼬치에 꿴 닭을 숯불에 올리고 양손으로 이리 뒤집고 저리 뒤집는 모습, 더 이상 완벽하게 굽는 것이 불가능할 거라는 장인 정신 충만한 자신감 있는 표정은 일본 술집에서 볼 수 있는 흔한 장면입니다. 야키토리(焼鷄)를 하는 중입니다. 야키(焼)에 대해선 1장 구이 편에서 자세히 설명하였습니다. 야키토리는 닭(鷄)을 구웠다(焼)는 뜻, 50대 아재들에게는 닭구이보다 닭꼬치라는 표현이 익숙합니다. 8090 시절 인기 있었던 프랜차이즈 술집 투다리에서 먹던 닭꼬치의 추억 덕분입니다. 그땐 돈이 없어서 가격표 보며 찔끔 주문했는데 그게 한이 맺혔는지 일본 술집에서 야키토리를 주문할 땐 대감마님 댁 잔칫집에 온 양반처럼 이것저것 종류별로 시켜 먹게 됩니다.

야키토리는 닭 계(鷄)를 쓰는데 새 조(鳥)라 적은 간판도 종종 보입니다. 일본 사람들이 주로 먹는 조류는 닭입니다. 새 조(鳥)를 썼

야키토리 간판. 닭 계(鷄)를 쓰기도 하고 새 조(鳥)를 쓰기도 함

다고 해서 버디, 이글, 알바트로스를 구워 먹는 걸 상상하는 사람은 없습니다. 그리고 새 조 글자에 닭이라는 뜻도 포함되어 있으므로 '燒鳥'라고 간판에 적혀 있어도 오타라 생각할 필요 없습니다.

야키토리 하면 떠오르는 단어 세 가지는 숯불, 닭, 꼬치입니다. 숯불은 스미비(炭火)입니다. 야키토리는 대부분 숯불에 굽지만 '숯불구이'를 특별히 강조하여 간판에 스미비야키(炭火焼き)라고 적은 가게도 있습니다. 물론 냉동 야키토리를 전자레인지에 데워 주는 덴시렌지야키(電子レンジ焼き)라는 간판은 아직 본 적 없습니다. 꼬치는 쿠시(串)입니다. 야키토리 대신 '꼬치구이'라는 의미로 쿠시야키(串焼き)라 적는 곳도 있습니다. 串 한자는 직관적으로 식재료를 꼬챙이에 펜 것처럼 생겨서 외우기 쉽습니다. 우리는 '곶'이라 읽고 일본에선 '쿠시', 중국에선 '촨'으로 읽습니다.(곶감(串甘)은 꼬챙이에 꽂아 말린 감이라는 뜻입니다) 요즘 한국의 양꼬치 가게 간판에서도 촨(串) 글자를 쉽게 볼 수 있습니다.

어쨌든 야키토리, 스미비야키, 쿠시야키 모두 비슷한 음식을 파는 술집이니 고민하지 말고 들어가 편하게 즐기면 됩니다.

★ 야키토리 부위별 명칭 외우기

한국에서는 닭을 한 마리 통째로 먹습니다. '1인1닭'이라는 사자성어(?)까지 나올 정도로 닭백숙, 삼계탕, 통닭 등 인당 닭 한 마리는 먹어줘야 뿌듯합니다. 호프집에 들어가 안주로 주문한 치킨이 나왔을 때 다리, 날개가 2개씩 들어있는지 확인부터 하고 먹기 시작할 정도로 '한 마리'에 의미를 부여하며 닭을 먹고 살았기 때문에 닭의 부위별 세부 명칭은 가슴살, 다리, 날개 정도 구분이면 충분했습니다. 반면 일본의 야키토리 가게에서는 이렇게까지 구별해서 먹을 필요가 있나 싶을 정도로 목살, 가슴살, 엉덩이살, 허벅지살, 연골 등 닭을 부위별로 구분합니다. 뭐 먹을 것이 있다고 심장, 간도 구워 먹습니다. "치킨 주세요." 한마디면 충분했던 한국 사람들에게 일본 야키토리 술집 메뉴판 리스트는 신세계입니다. 닭의 어느 부위를 먹을지 심각하고 진지하게 고민해 본 적이 없으니까요. 부위별로 골라 먹는 신세계를 즐길 수 있는 가장 효율적인 방법은 닭의 부위별 명칭을 외우는 것입니다. 외워놓으면 일본어를 몰라도 편하게 야키토리를 주문할 수 있습니다. 200개 넘는 뼈 이름을 라틴어로 달달 외웠었던 의사들에게 닭 부위 일본어 명칭 외우는 것쯤은 익숙한 상황이라 거부감이 들진 않습니다만 일반인들은 어려운 일이라 생각할 수 있겠습니다. 어릴 때 구구단 외웠듯 그냥 외우면 됩니다.

닭의 부위별 명칭

외워 두면 일본어를 몰라도 야키토리 메뉴판을 볼 수 있음

세세리 (せせり) : 목살

사사미 (ささみ) : 가슴살

모모 (もも) : 허벅지살

봉지리 (ぼんじり) : 엉덩이살

테바사키 (手羽先) : 닭날개

난코츠 (軟骨) : 연골

아, 이걸 어떻게 다 외워? 어려워하지 마십시오. 태정태세문단
세 27글자도 외웠던 분들이 그걸 왜 걱정하십니까. 예를 들어 가슴
에 사시미칼을 그었다(사사미), 엉덩이에 봉다리를 덮었다(봉지리) 이
런 식의 말이 안 되는 상황을 연상하면서 수단과 방법을 가리지 말
고 외우면 됩니다.

심장 (心) : 하츠(ハツ), 코코로(こころ)

간 (肝) : 레바(レバー), 키모(きも)

똥집 (砂肝) : 스나즈리(すなずり), 스나기모(すなぎも)

특수 부위 몇 개 설명합니다. 닭의 심장과 간은 하츠(ハツ), 레바 (レバー) 입니다. 영어 heart와 liver에서 왔습니다. 심장은 코코로(心, こころ), 간은 키모(肝, きも) 라고도 부릅니다. 우리가 닭똥집이라 부르는 부위는 닭의 위장입니다. 닭은 이빨이 없습니다. 닭에게 물려 죽을뻔했다는 뉴스를 들어본 적 없으니까요. 이빨이 없는 닭은 땅에 떨어져 있는 모이를 흙이나 모래와 같이 삼킵니다. 같이 삼킨 모래는 위장 안에서 내용물을 으깨는 역할을 합니다. 일본에서는 닭똥집을 모래간(砂肝), 스나기모라고 합니다. 모래 사(砂)를 일본어로 스나(すな)로 읽습니다. 사-스나, 역시 비슷한 발음입니다. 큐슈 지방에서는 스나즈리라고 부릅니다.

심장(하츠, 코코로)과 간(레바, 키모), 똥집(스나즈리, 스나기모)

연골(軟骨)은 연한 뼈, 우리말로 물렁뼈입니다. 일본어 발음은 난코츠입니다. 골(骨)-고츠(骨), 역시 비슷한 발음이라 외우기 편합니다. 참고로 연골은 일본에서 온 의학 용어입니다. 씹을 때 오도독거리는 식감이 좋은 술안주인데 일본에서는 그 작은 부위를 또 가슴 연골, 무릎 연골로 구분하여 먹습니다.

왼쪽은 가슴 연골, 오른쪽이 무릎 연골입니다. 모양을 보면 자세히 설명하지 않아도 어디가 가슴이고 어디가 무릎인지 쉽게 알 수 있습니다. 설마 왜 왼쪽이 무릎이 아니냐고 묻는 사람 없겠지요. 가슴 연골 부위는 꼬치에 꿰어 야키토리로, 무릎 연골 부위는 가라아게로 먹습니다.

가죽 피(皮)라 적힌 메뉴도 있습니다. 껍질입니다. 일본어로 가와(皮, かわ)라고 읽습니다. 야키토리 메뉴판의 가와는 당연히 닭 껍질입니다. 바사삭 씹는 첫 식감이 좋고 기름진 고소함이 뒤를 받쳐주

가슴 연골과 무릎 연골

닭껍질꼬치, 가와

소나무껍질처럼 생겨 도미 마쓰가와

엔가와

는 훌륭한 술안주입니다.

가와가 들어가는 생선회 이름도 있습니다. 도미 껍질에 뜨거운 물을 부어 살짝 익히면 껍질을 벗긴 도미회와는 다른 식감인데 그 모양이 소나무껍질처럼 생겼다고 하여 마쓰가와(松皮, まつかわ)라고 합니다.

참고로, 광어지느러미살은 엔가와(えんがわ)인데 엔가와의 가와는 결 측(側), side라는 뜻입니다.

테바사키(手羽先)는 직역하면 손(手) 날개(羽) 앞쪽(先)입니다. 닭 날개는 두 부위로 구성되어 있습니다. 몸통에 붙어 있는 닭봉과 나머지 부위 윙입니다. 얼마 전까지 닭봉이 닭다리의 일부라고 수십 년 동안 잘못 알고 먹었습니다. 그래서 제가 지금 이 지경인 것 같습니다. 닭봉이 날개 부위라는 것을 알게 된 이후부터 일이 잘 풀리는 것 같기도 합니다.

닭봉은 몸통에 붙어 있다고 하여 테바모토(手羽元), 윙은 닭봉 앞쪽 부위니까 테바사키(手羽先)입니다. 일본의 보통 야키토리 집에서는 테바사키를 팝니다만 나고야에 가면 테바모토, 테바사키를 구분하여 파는 곳이 많습니다. "나고야 사람들은 하루 종일 닭 날개만 먹고 사나?"싶을 정도로, 나고야에는 테바사키 간판을 걸고 영업하는 가게투성이입니다.

테바사키 체인점이라고 해서 테바사키만 파는 건 아닙니다. 나고

닭봉(왼쪽)과 윙(오른쪽)

나고야의 가장 유명한 테바사키 체인점 야마짱
(山ちゃん)

야에서 가장 유명한 테바사키 체인점인 야마짱은 다양한 메뉴를 파는, 맥잔잔 마시기 좋은 이자카야입니다.

제가 좋아하는 야키토리 메뉴 두 가지는 츠쿠네(つくね)와 네기마(ねぎま)입니다. 츠쿠네(捏ね)는 완자, 미트볼입니다. 일본 이자카야의 츠쿠네는 닭고기미트볼꼬치입니다. 상품성 떨어지는 자투리 고기를 갈거나 다진 후 야채, 향신료를 섞어 둥근 모양으로 빚어 만든 음식은 세계 어느 나라에서건 찾을 수 있습니다. 중국의 난자완스, 미국의 미트볼, 터키의 쾨프테, 태국의 텃만꿍 등 재료와 양념은 다르지만 고기를 갈았다는 공통점이 있는 음식들입니다. 독일의 소시지도 비슷한 맥락의 음식입니다. 츠쿠네(捏ね)의 한자 捏(날)은 꾸미다, 반죽하다 입니다. 날조(捏造)는 없는 사실을 꾸며서(반죽해서) 만든다는 뜻입니다.

츠쿠네를 만들 때 닭살뿐 아니라 연골을 함께 갈아 넣곤 합니다. 부드러운 식감의 고기 사이에서 무심코 오도독 살짝 씹히는 연골의 존재감이 훌륭한 야키토리입니다. 츠쿠네를 주문하면 찍어 먹는 용도로 소스에 잠긴 노른자를 같이 줍니다. 다른 야키토리 메뉴와의 차이점입니다. 노른자 소스를 일 인당 하나씩만 주는지 츠쿠네 꼬치 개수만큼 주는지 궁금해서 다섯 개 주문해 본 적 있는데, 노른자가 든 종지도 다섯 개를 주었습니다.

츠쿠네. 노른자에 찍어 먹으면 맛있음

　네기마는 우리로 치면 파닭꼬치입니다. 닭과 대파를 번갈아 꽂아 구운 야키토리입니다. 네기마의 어원은 네기마구로, 네기(파)와 마구로(참치)를 끓여 먹는 음식이었습니다. 카이센동 편에서 설명한 바 있습니다. 기름이 많고 상하기 쉬운 참치 뱃살을 가난한 사람들이 파 넣고 끓여 전골 요리로 먹다가, 마구로 가격이 급등한 이후 포장마차에서 비싼 참치 대신 닭을 사용했고 끓이는 대신 꼬치에 꿰어 구웠습니다. 재료는 마구로 대신 닭으로 바뀌었지만 이름에 흔적이 남아 네기마로 부르고 있습니다.

　야키토리는 소금으로 간을 하거나 타레라고 하는 걸쭉한 소스를 발라 양념합니다. 소금(시오)으로 간을 한 야키토리는 깔끔합니다. 타레(垂れ)는 장어구이, 야키토리, 당고 등을 만들 때 겉에 바르는 단맛, 짠맛, 감칠맛이 어우러진 걸쭉한 진갈색 소스입니다. 垂는 우리말로 '드리울 수'입니다. 수렴청정(垂簾聽政), 발을 드리우고(垂簾) 건너

네기마

시오 야키토리와 타레 야키토리

오니기리 혹은 오무스비

편에서 정치를 듣는다(聽政)는 뜻입니다. 걸쭉한 타레 소스 단지에 재료를 넣었다 뺄 때 재료에 묻은 소스 일부가 발처럼 주욱 늘어지는 모습을 연상하면 됩니다.

야키토리의 마무리는 탄수화물, 오니기리(おにぎり) 혹은 오무스비(おむすび)입니다. 니기루(握る)는 쥔다는 뜻이라고 니기리즈시에서 설명하였습니다. 무스부(結ぶ)의 結(묶을 결)은 결혼, 결초보은의 결입니다. 그러니 오니기리는 쥐어 만든 밥, 오무스비는 묶어(뭉쳐) 만든 밥이라는 뜻입니다. 삼각형이냐 원형이냐, 어느 지역이냐에 따라 부르는 명칭이 다르긴 하나 원칙이 있는 것이 아니므로 오니기리와 오무스비의 차이는 없다고 보면 됩니다. 편의점이나 오니기리 가게에서는 김에 싼 형태로 나옵니다만 야키토리 가게의 오니기리는 타레를 발라 숯불에 구워 나옵니다. 단맛과 짠맛의 조합이 훌륭한 마무리 음식입니다.

야키토리 메뉴판 읽는 법을 숙지하였으니 당장 내일 일본에 가더라도 이자카야에서 야키토리만큼은 편하게 주문할 수 있을 겁니다.

그럼 이제 일본 이자카야만의 문화 몇 가지 소개하겠습니다.

✽ 오토시(お通し), 쓰끼다시(突(き)出し) 혹은 사키즈케(先付け)

4명이 일본 술집에 들어가서 자리에 앉았습니다. 종업원이 메뉴판을 주면서 주전부리가 담긴 작은 종지를 인원수만큼 테이블에 놓고 갑니다. "안 시켰는데?"라고 손가락으로 X 표시를 하니 종업원은 "오토시(お通し)."라고 말합니다. 공짜 당연히 아니고 인당 300~500엔 정도 받습니다. 간사이 지방에선 쓰끼다시(突(き)出し) 혹은 사키즈케(先付け)라고도 합니다.

오토시, 쓰끼다시, 사키즈케는 비슷한 용어입니다. 프렌치 레스토랑의 아뮤즈부슈(Amuse bouche) 정도 생각하면 됩니다.

通는 '통할 통'입니다. 일방통행(一方通行)의 통입니다. 어원으로 여러 설이 있겠으나 가게에 들어온 손님과 주인의 마음이 서로 통하는 음식이라고 이해하였습니다. 술집에 들어왔습니다. 음식을 주문하기 전 "음, 이 가게가 음식을 잘하는지 아닌지 확인해 보고

오토시, 쓰끼다시 혹은 사키즈케

편하게 더 먹고 마실지, 술 한 잔만 마시고 나갈지 판단하고 싶어."
하는 마음이 들 때 주인이 "우리 가게는 이 정도로 술안주를 맛있게
만든다고요."라는 의미로 간단한 안줏거리를 줍니다. 한 젓가락 먹
어보고 맛있으면 편하게 여러 술안주를 시키는 것이고 맛이 없다면
술 한 잔만 마시고 나오는 겁니다. 그래서 주인과 손님의 마음이 통
(通)했다는 의미로 오(お) 접두사를 붙여 오토시(お通し)라 합니다.

쓰끼다시는 '쓱 내민다'라는 뜻입니다. 손님이 왔을 때 주인이 뭐
먹을래 묻지도 않고 테이블에 음식을 쓱 내미는 장면을 상상하면
됩니다. 突(돌)은 갑자기 입니다. 좌충우돌(左衝右突), 돌발(突拔)의 돌
입니다. 出(출)은 설명 안 해도 다 아는 한자죠. 우리말에도 돌출(突
出)이라는 단어가 있습니다. '갑자기' 쑥 나온다는 뜻인데 일본 술집
에서 이걸 오토시와 같은 뜻으로 사용하는 것이 재미있습니다. 우
린 돌출이라는 단어를 술집에서 사용하지 않지만, 쓰께다시란 말은

일본 쓰끼다시(왼쪽) vs 한국 횟집의 쓰께다시(오른쪽)

가이세키 술집의 사키즈케

한국 횟집에서 회 나오기 전 쫙 깔아주는 음식들을 칭하는 말로 이미 사용하고 있습니다. 일본 쓰끼다시와 한국 쓰께다시의 차이는 한국 쓰께다시는 푸짐하게 한 상 차려주고 리필도 되는데 일본 쓰끼다시는 당연히 공짜 아니고 추가 요금을 내야 리필을 해준다는 점입니다. 가성비 떨어지기 때문에 굳이 리필을 하진 않습니다.

사키즈케(先付け, さきづけ)는 먼저(先) 준다(付)는 뜻입니다. 일본 가이세키 음식점에서도 자주 쓰는 용어인데 메인 음식이 나오기 전 먼저 내어 주는 간단한 음식이라고 생각하면 됩니다.

술집에 가면 어떤 오토시가 나올지 모릅니다. 어제 갔던 집을 오늘 또 가면 뭐가 나오는지 알겠지만 어쨌건 오토시는 나와 봐야 어떤 음식인지 알 수 있습니다. 기대하지 않는 편이 좋습니다. '아니, 이게 300엔? 실화냐?' 할 정도로 메뉴라 부르기 민망한 음식이 나오는 곳도 종종 있습니다. 원래 오토시의 의미는 우리 가게 음식 수준이 이 정도이니 고민하지 말고 편하게 음식 주문하라는 의미였을 텐데 지금은 거의 자릿세 개념이라 불편해하는 사람이 많습니다.

자릿세, 반찬값 등으로 오토시를 표현한 신주쿠의 술집

한국 사람들이 자주 방문하는 술집이라면 문 앞에 아예 "자릿세 있습니다."라고 한국어로 적어 놓은 경우도 있습니다. 오토시 개념을 일일이 설명하는 것이 복잡하니 자릿세라는 표현을 쓴 것입니다. 만약 일본 이자카야 문 앞에 "자릿세 있습니다."라고 한국어로 적혀 있다면 오토시를 한국 사람들이 이해하기 편하게 적어 놓은 것으로 생각하면 됩니다. 충수염 환자에게 외과 의사들이 충수를 설명하기 어려우니까 충수염, 충수절제술 대신 맹장염, 맹장수술이라고 이야기하는 것과 비슷합니다.

식사를 파는 밥집에선 일반적으로 오토시를 내어 주지 않습니다. 우동, 돈까스 먹으러 온 손님에게 오토시를 줄 이유가 없으니까요. 그런데 몇 년 전 후쿠오카 모츠나베(곱창전골)집에서 오토시를 받는 곳이 있어 불편했던 경험도 있었습니다. 모츠나베 2인분을 주문했는데 오토시를 두 개 내어 주고 600엔을 계산하는 것입니다. 사

お通し、席料なし！(오토시, 세키료나시! 자릿세 없음!)

실 말이 안 되는 상황이긴 합니다. 술집 아니고 밥집이었으니까요. "여긴 식사를 파는 곳이다. 그런데 왜 오토시를 받는 거지?"라고 항의하려고 했습니다만 그러지 못했습니다. 일본어로 위 문장을 편하게 말할 수 있을 수준이 되면 좋겠습니다.

술집에서도 "우린 술이랑 음식을 당신들이 실망하지 않을 정도로 많이 먹을 거야. 그러니까 오토시 안 먹어도 되지 않아? 빼 줘."

도쿄 긴자 이자카야의 1천 엔짜리 오토시. 1천 엔이 아깝지 않게 고급스럽게 나오는 집도 있음

254

라고 말하고 싶을 때가 종종 있습니다. 실제로 저희 테이블 3명이 먹고 마시는 양이 옆 테이블 일본 아저씨들 8명이 먹고 마시는 것보다 많긴 합니다. 찾아보니 술집이든 밥집이든 내가 먹는 것과 상관없이 오토시를 먹지 않겠다고 강하게 이야기하면 종업원이 다시 가져간다고 하는데 여행 와서 굳이 종업원과 논쟁하며 제 기분을 상하게 하고 싶지 않아 그냥 자릿세 낸다고 생각하고 주는 대로 오토시를 받습니다.

불친절한 일본 종업원?

만약 여러분이 강남역 호프집에서 알바를 하던 중 일본인 3명이 들어왔다고 상상해 봅시다. 메뉴판을 건네줬는데 3명 다 한글을 읽을 줄 모릅니다. 어설픈 영어로 주문을 받는데 노가리, 골뱅이, 떡볶이 같은 음식 이름을 이해하지 못해 아무것도 주문하지 못하고 메뉴판만 멀뚱멀뚱 쳐다보고 있습니다. "Would you like something to drink?"라는 질문에도 "That's OK."라며 10분째 고민 중인 그들에게 여러분은 어떤 표정을 지을까요? 정답은 반반. 친절하게 웃을 수도 있지만, 손님 많은 금요일 저녁엔 웃지 못하여 불친절한 종업원 취급을 당할 수 있습니다.

일본 이자카야에서도 마찬가지입니다. "토리아에즈 나마비루 입빠이(우선 생맥주 한 잔)." 후 맥잔잔 홀짝거리며 메뉴를 고르면 되는데 4명이 술집에 가서 5분 동안 음료 한 잔 주문하지 않고 구글 번역기로 메뉴판만 이리저리 검색하다 겨우 맥주 2잔, 닭꼬치 4개, 2명은 공짜 물 달라고 하면 굉장히 어색해지는 겁니다. 문제는 그 종업원이 우리에게 "니폰 이자카야에소는 웬마나믄 1인 1음료, 음식은 부조쿠하니 조그믄 더 주문하셔야 하므니다."라고 영어로든 한국어로든 설명하는 경우가 거의 없다는 것입니다. 일반 식당에서도 같은 상황이 생깁니다. 5명이 라멘집에 가서 라멘 4개 주문하면 굉장히 어색한데, 그걸 1인 1메뉴가 기본이라고 설명할 능력이 없는 일본 종업원들의 불친절로 오해할 수 있습니다.

음식을 남기는 건 좋은 습관이 아닙니다만, 여행에서만큼은 남기더라도 조금 여유 있게 음식을 주문하는 것, 나쁘지 않은 습관입니다. 혼자 가서 3인분 시키고 맥주 8잔 퍼마시는 제가 나쁜 사람입니다만, 일본 종업원들은 저 같은 나쁜 사람에게 친절합니다. 요즘은 한국 사람들이 많이 찾는 술집에서 필수 주문 사항을 한국어로 메뉴판에 적어 놓은 술집도 제법 있습니다.

1인 1음료(술) 필수, 3개 이상 주문 필수
라고 친절하게 적혀 있음

저녁 한 끼는 프렌치,
아침 한 끼는 모닝구

"일본까지 갔는데 한국에서도 잘 먹지 않는 프렌치 요리를 먹는다고?"

매일 저녁을 프렌치 먹자는 것도 아닌데 속는 셈 치고 점심이나 저녁 한 번 드셔 보십시오. 99% 만족감을 느낄 것입니다. 한국인에게는 프렌치 식당이 큰맘 먹고 적금 깨서 가는 곳이라고 생각하는 선입견이 있습니다. 일단 프렌치 식당이 흔하지 않습니다. 그리고 비쌉니다. 바게트, 달팽이, 마카롱 이외에 딱히 떠오르는 음식도 없어 뭘 먹어야 할지도 모르겠고 테이블 위의 나이프, 포크는 왜 이렇게 많은지 당황스럽습니다. 그래서 한국 사람들은 프렌치 식당을 제가 박성하 교수님 대하듯 어려워합니다.

반면 일본에서는 어느 도시에 가든 프렌치 식당을 쉽게 찾을 수 있습니다. 한국보다 대중적이라 비싸지 않습니다. 일본은 세계에서 가장 싸고 맛있는 프렌치 요리를 먹을 수 있는 나라 중 한 곳입니다. 어쩌면 일본의 프렌치 요리는 외국 음식이라기보다 스시, 야키토리처럼 'Japanese french'라는 일본 음식의 한 장르로 볼 수도 있겠습니다.

일본에 프렌치 식당이 많은 이유는 일본 사람들이 프랑스 음식을 좋아해서입니다. 일본 사람들은 프랑스를 좋아합니다. 파리 신드롬이라는 용어가 있을 정도입니다. 센강 유람선을 타고 샹송과 노을에 젖어 들 무렵 1.2미터 옆에 서 있던 트렌치코트 입은 멋진 남성이 말을 걸어옵니다. 시나브로 처음 만난 그의 입술이 내 입술을 훔치는 상상을 합니다. 판타지라는 걸 나만 빼고 모두 알고 있지만 프랑스와 파리를 동경하는 마음이 투사된 거니 그러려니 해야죠. 예전에는 한국 사람에게도 파리에 대한 동경이 있었습니다. 저희 어머니 세대 여성분들에겐 해외여행 1순위 도시가 파리였고, 미남의 대명사가 '아랑드롱'(알랭 들롱, 그땐 그분을 아랑드롱이라 불렀습니다)이었습니다. 《파리의 연인》드라마의 박신양 아저씨 덕분에 파리 공항에 내리면 누군가 "애기야 가자!"라고 외칠 것 같아 주위를 두리번거리기도 했습니다.

한국과 일본 사람 모두 파리를 좋아하지만, 프렌치 레스토랑에 대한 선호는 일치하지 않는 것 같습니다. 일본 사람들은 프랑스 음식을 좋아하고 한국 사람들은 프렌치 음식을 어려워합니다. 많이 즐기지도 않습니다.

일본인이 프랑스 음식을 좋아하는 가장 큰 이유는 일본 음식과 프랑스 음식의 공통점에서 찾을 수 있습니다. 식재료 본연의 맛을 추구한다는 점, 국물 요리가 메인이 아니라는 점, 맛뿐 아니라 보기 예쁜 음식을 추구한다는 점이 서로 비슷합니다. 매운맛을 좋아하지 않는 것도 공통점입니다. 이에 비해 한식은 국물 음식과 매운 음식이 많고, 음식을 공유하는 관습 때문에 예쁨보다는 푸짐함을 선호하는 등 프랑스 음식을 좋아하기 어려운 환경입니다. 그러네요. 제가 처음 일식 코스와 프렌치 코스 음식을 접했을 때 떠올랐던 단어가 '깨작깨작'이었던 것 같습니다. 프랑스 음식을 그리 좋아하진 않았던 이유는 '배가 부르지 않아서'였습니다.

세월이 흘러 50대 아저씨가 되어 위장의 크기는 줄어들고 지갑 두께는 조금씩 두꺼워져 일본에 가면 한 끼는 프렌치를 먹으려고 검색하곤 합니다. 구글에서 'french restaurant in ○○'을 검색하면 아주 많은 프렌치 레스토랑이 나옵니다. 식사 가격도 예상보다 저렴하여 찾아보기를 잘했다는 생각이 들 정도입니다. 가장 유명한 곳을 예약해도 좋고 숙소 근처 레스토랑을 예약하는 것도 괜찮습니다. 저는 맥주가 비싸지 않은 곳을 좋아합니다. 약골이라 와인을 마시면 빨리 취하기 때문입니다. 비싸지 않음에도 훌륭한 프렌치 레스토랑 두 곳을 소개하겠습니다. 비싼 곳을 소개하지 않는 이유는 저 역시 한 번도 못 가 보았기 때문입니다.

✱ plats+, 홋카이도 아사히가와시

여차저차 이곳에 다섯 번 방문하였습니다. 이곳의 유일한 단점

미우라 아야코 상과 남편 미우라 미쓰요 상   출처: 미우라 아야코 기념관

은 맥주를 팔지 않는다는 것뿐, 2만 원대에 이 정도의 점심을 먹을 수 있는 게 놀라울 정도입니다. 12시 오픈인데 30~40분 일찍 도착하는 것을 추천합니다. 50미터 근처에 있는 미우라 아야코 기념문학관을 둘러보기 위해서입니다. 베스트셀러 소설『빙점(氷点)』을 못 읽어봐서 미우라 아야코에 대한 큰 감동은 없지만, 매번 잔잔한 즐거움을 느끼고 옵니다. 매번 '한국 가면『빙점』사서 꼭 읽어야지'라고 다짐하지만 인간은 망각의 동물, 미우라 상을 까맣게 잊고 살다 '아차' 하기를 반복합니다. 언젠간 사서 읽게 될 날이 오겠지 했는데 그날이 오늘이었습니다. ebook으로 1, 2권을 주문하였습니다. 사뒀으니 아마 언젠간 읽을 날도 오겠지요.

문학관을 들렀으니 문학적 소양을 갖추었다는 착각과 함께 12시 오픈 시간에 식당으로 들어가곤 합니다. 간단한 프렌치 메뉴 구성은 일반적으로 3코스입니다. 앙트레(Entree)-쁠라(Plat)-데세르(Dessert),

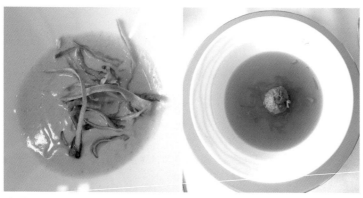

걸쭉한 스프 포타주(왼쪽)와 맑은 수프 콩소메(오른쪽)

영어로는 각각 엔트리-플레이트-디저트입니다. 앙트레 전 아뮤즈 부슈(Amuse bouche)라는 입(bouche)을 즐겁게(amuse)하는 간단한 핑거 푸드가 나오기도 합니다. 아뮤즈부슈는 일본 술집의 오토시와 비슷합니다.

이곳에서는 앙트레 요리로 세 가지가 나옵니다. 스프, 빵, 샐러드를 줍니다. 정통 프렌치 코스에서 샐러드는 메인 음식을 먹은 후 나오는 것이 맞지만 점심 코스이기 때문에 샐러드가 앙트레 요리에 나옵니다.

스프는 포타주가 나옵니다. 폭탄주 아니고 포타주입니다. 영어로는 수프(soup)인데 프랑스에서는 맑은 수프를 콩소메(consomme), 걸쭉한 수프를 포타주(potage)라고 구별하여 부릅니다. 빵은 브리오슈가 자주 나옵니다. 가끔 크루아상을 줄 때도 있고 키쉬가 나올 때도 있습니다. 기본 빵은 바게트가 제공됩니다. 바게트는 먹을 만큼

주니 다른 사람이 먹을까 봐
바지 주머니에 숨겨둘 필요
까진 없습니다. 그리고 약간
의 단백질을 포함한 샐러드
가 나옵니다.

두 번째 구성은 쁠라(Plat),
메인 요리입니다. 정통 코

앙트레에 포함된 샐러드

스에서는 쁠라라는 표현보다 쁘아송(Poisson, 생선요리), 비앙드(Viande,
고기요리)로 코스가 구분되어 있지만, 이곳은 구분 없이 생선(혹은 파스
타)-고기 순서로 나옵니다. 쁘아송(Poisson)은 생선, 쁘아종(poison)은
독임을 구별해야 합니다. 하기야 생선도 너무 많이 먹으면 독이 될
수도 있겠지요. 프랑스 요리 특성상 소스를 정성껏 만들어 식재료
에 곁들여 주는데 재료와 소스의 궁합이 아주 좋습니다.

생선 요리 쁘아송

고기 요리 비앙드

이후 디저트와 커피까지 아주 훌륭한 점심 식사입니다. 제가 이곳에 다섯 번 방문한 이유는 저와 동행하는 '홋카이도 술/음식 인문학 여행'의 2일째 점심을 이곳에서 먹기 때문입니다. 구성원만 바꾸어 똑같은 곳에서 비슷한 음식을 다섯 번 먹는, 흔하지 않은 경험이 지겹거나 나쁘지 않은 이유는 이곳의 음식이 만족스럽기 때문입니다. 매년 두 번씩 2plats+ 레스토랑에서 여행 2일째의 점심을 먹곤 합니다. 그때마다 미묘하게 바뀌는 그 무언가를 찾는 즐거움이 있습니다. 내년이 또 기다려집니다. 내년에 가면 일본어를 공부해서 "쿠폰 안 줍니까?"라고 주인장에게 물어봐야겠습니다. 주인장 아저씨가 개과천선한 야쿠자처럼 생겼는데 쿠폰 달라고 하면 혼날 것 같기도 합니다.

식후 주차장까지 걸어가는 길 근처에 또 한 접시의 디저트가 있습니다. 미우라 아야코 기념문학관 입구의 외국수종견본림 풍광입니다. 외국에서 들여온 나무가 홋카이도의 기후에서 잘 자라는지

여름과 겨울의 미우라 아야코 기념문학관 입구

관찰하기 위해 조성한 6천 그루 나무숲인데 사계절의 모습이 다른 멋진 숲입니다. 여름의 초록 옷을 입은 숲과 겨울의 눈 덮인 하얀 숲이 갑자기 그리워집니다.

✳ La Porte Blanche, 아오모리현 히로사키시

아오모리 공항에서 버스로 1시간 거리에 히로사키(弘前)가 있습니다. 정확한 행정구역은 아오모리현 히로사키시입니다. 히로사키는 사과와 프렌치의 고장입니다. 일본 사과의 약 25%를 생산하는 히로사키답게 시내 곳곳에서 사과 카레, 사과파이 같은 사과 가공품을 쉽게 찾을수 있고, 프렌치의 고장답게 인구 16만 명 도시에 10개는 족히 되는 프렌치 레스토랑이 영업 중입니다. 제주 서귀포, 경기도 포천과 인구수가 비슷한 수준임을 고려하면 히로사키에 프렌치 식당이 아주 많다는 것을 알 수 있습니다. 그러니 히로사키에 머문다면 이자카야나 밥집 대신 매일 저녁을 프렌치 레스토랑에서 먹을 것을 강력히 추천합니다.

기린 하트랜드 맥주

　히로사키에서 가장 유명한 프렌치 레스토랑은 '야마자키(山崎)'입
니다만 예약이 어려워 다른 곳을 방문했습니다. '라 포르테 블랑슈
(La Porte Blanche)'입니다. 쉐프 추천 디너가 5천 800엔, 당시 환율이
800원대였으니 프렌치 디너를 4만 원대에 먹는 셈입니다. 역시 일
본은 프렌치의 천국입니다. 이곳의 최대 장점은 기린 하트랜드 맥
주를 판다는 것입니다.

　1986년 도쿄 롯폰기의 하트랜드라는 호프집에서 만든 하우스
맥주로 초록색 병과 전용 잔에 새겨진 아름드리나무 한 그루가 '이
건 도대체 어떤 맛이지?'라는 호기심을 충분히 자극합니다. 지금은
기린 맥주에 인수된 하트랜드 맥주는 알코올 도수 5%, 맥아 100%
의 필스너 스타일로 맥아 향, 홉 향이 라거 치고는 강한 편이라 식
전주로 마시기 좋습니다. 일반적으로 식전주는 한 병 마시는 것이
상식인데 맛있어서 2병 마셨습니다.

맥잔잔 하며 메뉴판을 이리저리 살펴보았습니다. 역시 프렌치 레스토랑의 메뉴판에는 1장에서 소개한 F(ㄱ), V(ヴ) 글자가 이곳저곳 적혀 있습니다.

빈티지 (vintage) : ヴィンテージ

코코뱅 (coq au vin) : コック・オ・ヴァン

비네거 (venegar) : ヴィネガ

칼바도스 (calvados) : カルヴァドス

버미첼리 (vermicelli) : ヴェルミチェッリ

필레미뇽 (Filet Mignon) : フィレ・ミニョン

푸아그라 (foie gras) : フォアグラ

퐁듀 (fondue) : フォンデュー

플람베 (flambe) フランベ

이 세상에서 가장 읽기 어려운 메뉴판이 일본어로 적힌 프렌치 메뉴판인 것 같습니다. 물론 일본 정부에서 2019년 4월 1일부터 공문서에 V(ヴ) 글자를 쓰지 않기로 했습니다만, 카페나 프렌치 레스토랑 메뉴판엔 여전히 V(ヴ)를 사용하니 읽을 줄은 알아야 합니다.

빵에 이어 수프가 나왔습니다. 사과의 본고장답게 차가운 사과 크림수프입니다. 이어서 나온 오르되브르는 샐러드와 핑거푸드 몇

사과 크림수프와 오르되브르(オードブル, 전채 요리)

가지가 나왔습니다. 메인 음식으로 생선 요리 쁘아송, 고기 요리 비앙드. 두 가지 모두 맛있었고 디저트와 커피까지 잘 먹었습니다만, 한 가지 창피한 일이 있었습니다. 식사 도중 전화가 와서 테이블에서 통화를 했는데, 전화를 끊고 나니 젊은 여사장님이 핸드폰 번역기로 번역한 문장을 제게 보여주었습니다. '미안합니다만 통화는 레스토랑 밖에서 해주십시오.' 큰 소리로 통화하지 않았고 오래 통화한 것도 아니었습니다만 일본 사람들에게 그건 중요하지 않습니다. 웃으며 미안하다고 사과했습니다. 사과의 도시에서 사과할 일 한 번 만들었습니다.

'내 전화 통화 목소리보다 앞 테이블의 술 먹는 아저씨들 목소리가 더 큰데 웬 호들갑?'이라고 생각하면 안 됩니다. 손님끼리의 대화는 레스토랑 분위기의 일부지만 전화 통화는 불필요한 소음으로 여기기 때문에 옆 사람의 전화 목소리로 자기의 기분을 망치기 싫어한다고 일본 전문가 김경호 군이 명쾌하게 설명해 주었습니다. 그때까지는

인지하지 못했는데 이후의 일
본 여행 때 곰곰이 살펴보니
일본 사람들은 카페나 대중교
통에서 절대 통화하지 않습니
다. 아예 전화 통화는 삼가 달
라고 카페 벽, 버스 손잡이에
적혀 있습니다. 이런 것은 배
울 점입니다.

携帯電話での 通話はご遠慮ください(휴대전화
통화는 삼가십시오)

★ 일본의 모닝 세트는 킷사텐에서

일본에서 커피숍, 카페를 부르는 단어가 여러 개 있습니다. 코히숍
(コーヒーショッ), 카페(カフェ)라고도 하지만 킷사텐(喫茶店), 코히칸(珈琲館)
등 커피 가게를 의미하는 재미있는 한자가 종종 눈에 들어옵니다.

킷사텐의 우리말 발음은 '끽차점'입니다. 끽차, 차(茶)를 마신다
(喫)는 뜻입니다. 마실 끽, 우리는 잘 쓰지 않는 한자입니다만 아예
안 쓰는 건 아닙니다. 담배 피우는 걸 끽연이라고 하고 마음껏 즐기
고 누리는 행위를 만끽이라고 합니다. 학교 다닐 때 국어 시간에 배
웠던 구지가의 마지막 구절, '번작이끽야'가 '구워먹겠다'라는 것도
어렴풋이 기억날 겁니다.

코히(珈琲)는 커피의 일본어 한자로 우리말 발음은 '가베'입니다.
우리도 가끔 사용하는 단어입니다. 《미스터 션샤인》 같은 구한말

킷사텐(喫茶店)

코히칸(珈琲館) 혹은 코히텐(珈琲店)

배경의 드라마에서도 가베라는 단어가 나오고 커피숍 간판, 커피 상품명에도 등장합니다. 더할 가(加), 아닐 비(非)가 포함된 글자라 가베(珈琲)를 단순 음차어로 생각할 수 있는데, 19세기 일본의 학자 우가다와 요안이 가지에 달린 구슬 모양의 커피 열매를 보고 비녀 모양의 머리꾸미개(珈)에 달린 구슬꾸러미(琲)를 떠올리며 만든 신조 어입니다. "일본어 단어 쓰지 말라고!"라고들 아무 생각 없이 말하 는데 우린 일본어를 쓰는 것이 아니라 우가다와 할아버지 덕분에 그가 평생 연구하여 만든 기가 막힌 한자어를 공짜로 빌려 쓴다고 생각하는 편이 맞습니다. 산소/수소/탄소, 압력/온도 등 그가 만든 다른 단어들과 마찬가지로요.

일본에서 킷사텐과 카페는 허가 요건이 다르고 주방 구성도 이 러쿵저러쿵 다르다고 하는데 읽어도 이해하지 못했습니다. 뭐, 제 가 킷사텐을 차릴 건 아니니까 상관없죠. 한 가지 차이만 이해하였 습니다. 카페는 술을 팔 수 있고 킷사텐은 술을 팔지 못한다는 점입 니다. 킷사텐에서는 술을 팔지 않지만, 샌드위치, 파스타, 계란후라 이 등 간단한 음식을 먹을 수 있습니다. 여기까지는 한국의 커피전 문점과 비슷한데 일본 킷사텐만의 특이한 문화가 있습니다. 모닝 구사비스(モーニングサービス), 줄여서 '모닝구'입니다. 모닝구란 커피 + 샌드위치, 커피 + 토스트 + 계란 같은 세트 메뉴를 아침 특정 시간 에 저렴한 가격으로 파는 서비스입니다. 가격도 저렴하지만 차분한 분위기 안에서 편안한 아침을 맞이하는 즐거움이 있습니다. 모닝구

를 즐길 수 있는 킷사텐의 성지는 나고야입니다. 나고야에 갈 계획이 있다면 조식 불포함으로 호텔을 예약해야 합니다. 아침마다 새로운 킷사텐을 찾아 모닝구를 골라 먹을 수 있는 도시니까요. 나고야에서 가장 유명한 킷사텐 두 곳은 '코메다커피'와 '콘파루'입니다.

커피의 일본어 한자 '珈琲'를 몰라 무엇을 파는 가게인지 모르고 살았던 저도 까만 바탕에 주황색 글씨가 적힌 코메다커피점 간판이 낯설지 않았습니다. 일본에서만큼은 초록색 스타벅스 간판만큼 흔한 간판이니까요. 1968년 나고야에서 1호점 영업을 시작한 코메다커피는 전국에 1천 개 이상의 체인점을 가지고 있는 킷사텐 회사입니다. 참고로 일본에는 약 1천 900개의 스타벅스 매장이 있습니다. 이곳이 유명한 이유는 2024년 기준 커피 1잔 가격 540엔을 내면 토스트 반쪽이 포함된 A, B, C 모닝 세트 중 하나를 추가 요금 없이 먹을 수 있는 훌륭한 시스템 때문입니다. 겨우 토스트 반쪽? 실망하지 마십시오. 토스트 식빵 두께가 3.5센티미터라 비행기 탈 때 목베개로 써도 충분한 크기입니다.

매일 아침 7시부터 오전 11시까지 주문할 수 있는 모닝구 중 대부분 관광객은 C세트를 주문합니다. C세트의 구성은 토스트에 오구라앙(小倉餡)이라고 부르는 단팥을 얹어 먹는 오구라토스트(小倉ト ―スト)와 커피 한 잔입니다. A, B세트는? 궁금해하지 말고 그냥 C세트 드십시오.

코메다커피점(コメダ珈琲店)

앙(餡)은 팥소 혹은 걸쭉한 전분 소스라고 나고야 앙카케스파게티 편에서 설명하였습니다. 팥소를 의미하는 일본어로는 앙 이외에 '앙꼬 없는 찐빵'의 앙꼬, 오구라토스트의 오구라앙이 있습니다. 오구라(小倉)는 교토의 마을입니다. 같은 한자를 쓰지만 다르게 읽는 기타큐슈의 고쿠라(小倉)는 600킬로미터 떨어진 다른 도시입니다. 한국의 경기도 양평군 옥천면과 충북 옥천군처럼, 오구라와 고쿠라도 헛갈리기 쉬운 이름입니다. 10년 전 여름, 옥천냉면 먹으러 2시간 반 운전해서 충북 옥천군에 갔는데 알고 보니 옥천냉면은 양평군 옥천면 음식이라 옥천경찰서 앞 풍미당에서 물쫄면 한 그릇 먹고 올라왔던 슬픈 기억이 있습니다. 어쨌건, 팥소를 오구라앙이라고 부르는 이유는 오구라 마을에 살던 과자 장인 가즈사부로라는 사람이 팥과 설탕으로 만든 단맛 팥소, 일명 단팥을 최초로 만들었기 때문입니다. 820년경의 일입니다. 가즈사부로 이름은 '과자사버려'로 외우면 쉽습니다. 과자사버려 할아버지의 업적을 기리기 위

코메다커피점 인기 모닝구 C세트

해 그가 만든 스타일의 팥소를 오구라앙이라고 부르게 되었습니다.

코메다커피점에서는 오구라앙을 토스트에 얹지 않고 따로 줍니다. 탕수육으로 치면 찍먹 스타일입니다. 오구라앙을 토스트에 발라 주는 부먹 스타일의 오구라토스트를 파는 킷사텐도 있습니다. 한 가지 흥미로운 사실은 일본의 킷사텐에서는 누구든 오구라앙을 발라 주든 따로 주든 주는 대로 먹는데 한국의 중식당에서는 생각보다 많은 사람이 이미 나온 탕수육을 앞에 놓고 종업원에게 왜 미리 부먹/찍먹 안 물어봤냐고 항의한다는 점입니다. 부먹/찍먹은 사장님 마음이니 주는 대로 먹든지, 미리 정중하게 요청하면 좋겠습니다.

아침 식사로 토스트를 먹어본 건 이유식 생활을 접은 이후 10번도 안 되는데도 이곳에서 오구라토스트로 아침을 먹는 느낌이 낯설

지 않았습니다. 오구라앙의 씹히는 통팥 알갱이의 단맛과 버터에 구운 두꺼운 토스트의 촉촉함이 좋아 '이제부터 나도 나고야맨처럼 매일 아침 토스트에 단팥을 먹을까?'하는 생각이 들 정도였습니다. 혹시 커피가 부족하다면? 100엔만 추가하면 커피를 1.5배 주는 닷뿌리(たっぷり) 메뉴를 선택할 수 있습니다. 닷뿌리는 우리말 담뿍과 같은 뜻, 유사한 발음입니다. 저도 코메다커피 메뉴판을 보고 닷뿌리가 무슨 뜻인지 알았습니다.

나고야에서 코메다커피점만큼 유명한 킷사텐으로 1947년 창업한 콘파루(コンパル)가 있습니다. 나고야에 여덟 곳의 체인점이 있지만 가장 인기 있는 곳은 나고야시에서 가장 번화한 오스 상점가에 있는 본점입니다. 모닝 세트 혹은 샌드위치를 먹으려고 관광객들이 줄을 서는 곳입니다. 어느 토요일 아침, 얼마나 맛있는 샌드위치를 파는 곳이길래 아침 먹으러 줄을 서는지 궁금하여 콘파루 커피숍

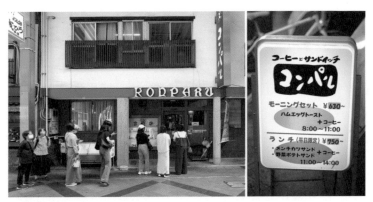

콘파루(コンパル)

을 가 보았습니다. 아침 8시에 오픈하는 이곳에 8시 10분에 도착했지만 이미 제 앞에 15명, 성문 기본영어에 나오는 "The early bird catches the worm."이라는 교훈을 떠올리며 30분 기다려 입장하였습니다. 메뉴판을 보니 커피(480엔) 혹은 주스(600엔)를 주문하고 150엔을 추가하면 햄에그토스트(ハムエッグトースト)를 주는 시스템이라 많은 사람이 모닝 세트를 먹습니다. 사실 이곳은 모닝 세트도 훌륭하지만 여러 가지 산도(サンド)로 유명한 집입니다. 특히 에비후라이산도(エビフライサンド)가 맛있다고 알려진 곳이라 '언제 또 오겠냐'는 심정으로 모닝 세트와 에비후라이산도를 동시 주문하였습니다.

토스트(トースト)는 toasted bread에서 온 단어로 식빵을 얇게 썰어 구운 것입니다. 산도는 sandwich의 일본식 발음으로 빵 사이에 다양한 재료를 끼워 먹는 음식입니다. 일반적으로 토스트는 쨈이나 버터를 발라 먹습니다만 콘파루의 햄에그토스트처럼 식빵 두 장 사이에 재료를 넣은 샌드위치 형태로 만들어놓고 토스트라 부르기도 하고, 재료를 한 장의 빵 위에 얹어 먹는 오픈 샌드위치도 있으므로 한국과 일본에서는 '이건 이거고 저건 저거'라고 명확히 구분하진 않는 것 같습니다. 만약 어떤 가게에서 햄에그토스트와 햄에그산도를 같이 판다면 햄에그토스트는 토스트에 계란프라이와 햄을 넣은 따뜻한 음식이고 햄에그산도는 굽지 않은 식빵에 계란사라다와 햄을 넣은 차가운 음식이라는 구별이 있을 것입니다.

콘파루의 모닝 세트, 커피와 햄에그토스트

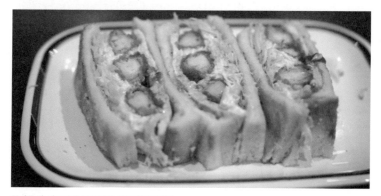

콘파루의 시그니처 샌드위치, 에비후라이산도

　위에 소개한 두 곳뿐 아니라 일본 거리를 산책하다 보면 모닝 세트를 파는 킷사텐을 쉽게 찾을 수 있습니다. 도대체 누가 이렇게 가성비 훌륭한 모닝 세트를 팔 생각을 처음으로 했는지 궁금해졌습니다. '설마 최초의 모닝 세트 원조 가게가 있겠어?' 반신반의하며 검색해 보니 히로시마의 '루에 브라질(ルーエ ぶらじる)'이라는 킷사텐이 일본 최초로 1955년부터 모닝 세트를 판 것으로 나옵니다. 혹시 히로시마에 머문다면 호텔 조식 대신 모닝 세트의 발상지인 루에 브

라질에서 아침 식사를 하는 계획을 세우는 것도 즐거운 상상일 것입니다. 제가 그 즐거운 상상을 한 번 실행에 옮겼습니다. 모닝 세트라는 게 그리 대단한 음식은 아니지만 발상지에 가서 그 음식을 먹어보는 것은 충분히 해볼 만한 경험입니다.

루에 브라질의 '루에(ruhe)'는 독일어로 휴식, 휴양이라는 뜻입니다. 그리고 브라질은 커피의 나라니 이런 이름을 지었을 것 같습니다. 일본의 커피 문화가 일찍 발달한 배경에는 브라질이 있습니다. 20세기 초, 러일전쟁을 마친 일본에는 일자리가 없었고, 노예 해방 상태의 브라질에는 농장에서 일할 사람이 없었습니다. 이에 양국의 필요에 따라 1908년 일본인의 브라질 이민이 시작되었습니다. 노동 이민이었습니다. 때마침 커피 생산량이 늘어 브라질은 일본에 아주 많은 커피콩을 제공했고 이게 시중에 풀리면서 일본 사람들은 20세기 초부터 커피 문화에 익숙해졌습니다. 커피가 일본과 브라질을 엮은 매개체인 셈입니다. 지금도 그 얽힘으로 브라질엔 200만 명의 일본계 브라질인이 살고 있습니다.

북적거리는 먹거리 골목이 아닌 상점가 한적한 곳에 빛바랜 황토색 건물이 보입니다. 길거리에 놓인 불 켜진 입간판과 입구의 요리사 아저씨 인형 덕분에 이곳이 모닝구 발상지 루에 브라질인 것을 어렵지 않게 알 수 있습니다. 허름한 건물이지만 그 옆 건물이 더 칙칙해서 상대적으로 괜찮아 보이긴 합니다. 입구 왼쪽의 큰 창에 'おかげさまで(덕분에) 創業78年(창업78년), モーニング発祥の地(모닝

루에 브라질 입구 　　　　　　　출처: Taisyo, CC BY 3.0, creativecommons.org/licenses/by/3.0

'おかげさまで(덕분에) 創業78年(창업78년)'

구 발상지)'라고 적힌 A4용지가 붙어 있습니다. 촌스러워 보이지만 뭐 어떻습니까. 킷사텐은 20대 연인이 데이트하러 가는 곳이 아니 까요.

　안에 들어가 자리에 앉았습니다. 루에 브라질은 나고야의 수많 은 킷사텐과 느낌이 비슷합니다. 낡았지만 깨끗하고, 조용하지만 칙칙하지 않은 분위기. 나이 지긋한 동네 할아버지 할머니들이 아

루에 브라질 모닝구의 B 세트

침 식사를 하며 머물기 딱 좋은 공간입니다. 테이블마다 하얀색 도기 통에 담긴 각설탕, 소금, 후추 3종 세트, 손바닥 크기의 종이에 손 글씨로 적은 다섯 가지 '모닝구 서비스' 메뉴판이 정겹습니다. 다섯 번째에 'バーガーモーニング(바-가-모-닝구)'라 적혀 있어 무슨 말인지 한참 고민했습니다. '버거 모닝 세트'였습니다. 일본어 가타카나 단어가 어떤 영어에서 온 말인지 추정해 보는 것도 재미있는 카페 놀이입니다. 사라다 + 토스트 + 후라이 + 커피를 주는 B 세트를 주문하였습니다. 700엔에 탄수화물, 지방, 단백질, 식이섬유, 비타민이 골고루 들어있는 훌륭한 식단입니다. 오, 게다가 계란후라이 2개를 줍니다.

맛있게 식사를 마치고 나오니 자전거 두 대와 전동 휠체어 한 대가 가게 앞에 주차되어 있습니다. 가게 안 테이블에 있던 할아버지 할머니들이 타고 온 것 같습니다. 잠시 후 할아버지 한 분이 나와 전동 휠체어에 시동을 걸고 유유히 골목을 빠져나갔습니다. 루에 브라질에서 제 옆자리에 앉아 신문을 읽으며 식사하던 할아버지였습니다. 언젠간 저도 집에서 밥해 먹는 것이 번거로울 나이가 되고 거동이 불편해지면 저 할아버지처럼 전동 휠체어를 타고 집 근처 식당에서 매일 똑같은 아침 식사를 하게 되겠지요. 지금이야 매일 아침 같은 곳에서 모닝 세트를 먹는 것이 지겹겠지만 그때가 되면 그런 루틴이 행복하고 편안한 아침이라 생각하게 될 것입니다. 사람은 누구나 언젠간 걷지 못하게 되고 언젠간 차려준 음식만 먹어야 할 때가 옵니다. 그 언젠가를 최대한 늦추려고 노력해야겠다고 생각했습니다.

후라이 관련 용어 간단히 정리해 봅니다.

표준어는 후라이가 아닌 '달걀프라이' 혹은 '계란프라이'입니다. 영어 fried egg에서 온 단어입니다. 일본에서는 계란프라이를 눈알(目玉)에 비유하여 메다마야키(目玉焼き)라고 부릅니다. 우리말로 직역하면 눈알구이인데 '눈깔구이'라고 부르지 않길 바라는 마음뿐입니다. 다마고야키(玉子焼き)와 헷갈리기 쉬운데 다마고야키는 계란말이입니다.

계란프라이를 만드는 몇 가지 방법이 있습니다. 물론 킷사텐에서는 익힘 정도, 뒤집기 유무에 대한 선택권이 없지만 10년 전 "How would you like your eggs?"라는 질문을 처음 듣고 당황해 본 경험자로서 조리법 이름을 외워두면 좋겠습니다. 가장 기본적인 분류는 한쪽만 익히는지 뒤집어 양쪽 모두 익히는지입니다.

Sunny side up : 한쪽만 익히는 것
basted : 뚜껑 덮어 노른자 표면을 하얗게 코팅시킨 것
Turn over : 중간에 뒤집어 양쪽 면을 익히는 것
over easy : 노른자는 거의 액체 상태
over medium : 중간
over hard : 노른자는 고체 상태

일본어로는 단면구이(片面焼き), 양면구이(両面焼き)라고도 하는데 어차피 계란프라이의 익힘에 대한 취향을 물어보는 호텔 레스토랑에

서는 영어로 주문을 받기 때문에 계란프라이의 구체적 조리법을 일본어로 외울 필요 없이 영어만 알아두면 충분하겠습니다. 일본어로는 메다마야키와 다마고야키 두 개만 외우면 됩니다.

계란 이야기 나온 김에 재미있는 음식명을 소개합니다. 뜨거운 우동, 소바에 날달걀 한 알을 노른자 깨지지 않게 넣는 경우가 있습니다. 츠키미(月見)라는 표현을 사용합니다. '달구경'이라는 뜻입니다. 뜨거운 국물 안에 들어 있는 노른자를 물에 비친 보름달로 표현한 것이 멋집니다. 영어 sunny side up도 계란을 태양에 비유한 표현이라 역시 멋집니다. 눈알구이는 좀 거시기합니다만 대단히 직관적으로 멋집니다.

안 먹고 돌아오면
아쉬운 음식들

★ 돈카츠, 쿠시카츠

도쿄 긴자에 렌가테이(煉瓦亭)라는 음식점이 있습니다. 포크카츠
레츠와 오무라이스의 원조 가게입니다. 렌가는 '벽돌', 렌가테이는
'벽돌집'입니다. 오사카성, 나고야성에서 보듯 나무와 돌로 집 짓고
성 쌓고 살던 일본인들에게 붉은색 '벽돌' 건물은 근대화, 서구화의
상징입니다. 1895년 창업한 렌가테이도 이름에서 알 수 있듯 서양
음식을 파는 양식당입니다.

675-1872년, 불교의 영향을 받은 일본에서 육식을 금지했던 기
간입니다. 675는 '육지로'라고 외웠는데 1872는 적당한 연상 단어
가 떠오르지 않습니다. 1853년, 페리 제독의 함대 4척이 도쿄만에
들어온 이후 일본은 개항, 메이지유신을 거쳐 서양 문물을 받아들

포크카츠레츠의 원조 렝가테이(煉瓦亭), since 1895

였습니다. 서양 문물에는 그들의 음식 문화도 포함되어 있습니다. 공식적으로는 고기를 금했던 일본에서 육식을 허용했던 것은 반강제 개항의 상대국 미국 사람들의 큰 키와 체격을 따라가고 싶었던 이유도 있었을 것입니다. 화혼양재(和魂洋才), 일본(화)의 정신(혼)을 지키며 서양(양)의 기술(재)을 받아들인다는 원칙은 음식에서도 적용되어 원조 서양 음식이 일본만의 독특한 스타일로 변형되었습니다. 소고기는 규나베(쇠고기전골)와 스키야키로, 빵은 단팥빵으로, 커틀릿은 돼지고기를 사용한 포크카츠레츠가 되었습니다. 포크(pork) + 카츠레츠(cutlet), 포크카츠레츠는 시간이 지나며 돈카츠(豚カツ)로 바뀌었습니다. 최초의 포크카츠레츠를 판 가게는 렝가테이입니다. 도쿄 최고의 돈카츠 맛집은 아니지만 최초라는 타이틀 덕분에 가게 앞엔 항상 줄이 깁니다. 사람이 없는 위 사진은 영업 안 할 때 찍은 것입니다.

일본 서양식 레스토랑 메뉴의 원조 음식

함바구스테키(ハンバーグステーキ)**:** Hamburger steak

돈카츠(豚カツ)**:** Pork cutlet

고로케(コロッケ)**:** Croquette

오무라이스(オムライス)**:** Omelet + Rice

얇은 고기를 팬에 '지지는' 서양의 커틀릿과 달리 두툼한 고기를 다량의 기름에 '튀기는' 방식으로 변형된 렌가테이의 포크카츠레츠 접시엔 채 썬 양배추가 곁들여집니다. 서양 스타일대로 삶은 채소를 올렸던 적도 있었으나 주방 인력 부족으로 어쩔 수 없이 익히지 않은 양배추 채를 올렸다고 합니다. 양배추 채는 튀긴 고기와의 궁

렌가테이의 포크카츠레츠

나이프로 썰어 먹는 포크카츠레츠 Vs 젓가락으로 집어 먹는 돈카츠

합이 잘 맞아 지금도 사람들은 집에선 쳐다보지도 않는 양배추 채를 돈카츠 먹을 땐 맛있게 곁들여 먹습니다. 포크카츠레츠는 시간이 흐르며 포크가 돈으로, 카츠레츠가 카츠로 바뀌어 돈카츠가 되었습니다.

포크카츠레츠는 손님이 직접 나이프와 포크로 음식을 썰어 먹었습니다. 나이프와 포크는 일본인들에게 익숙하지 않은 도구였기에 썰다 칼에 베여 손가락이 잘렸다는 둥, 힘주어 자르다 고기가 옆 건물로 날아갔다는 둥 확인되지 않은 에피소드도 있었습니다. 그만큼 어색하고 불편했다는 뜻이겠지요. 결국 주방에서 썰어 나와 손님이 젓가락으로 먹을 수 있는 돈카츠로 진화했고, 젓가락으로 먹는 방법마저 빵 사이에 끼워 손으로 집어 먹을 수 있도록 편하게 변형되어 가츠산도(돈카츠 + 샌드위치)가 되었습니다. 돈카츠는 1929년 도쿄의 '폰치켄'이라는 식당에서 팔기 시작했는데 오래전 폐업했고 가츠산도의 원조는 도쿄의 '이센 혼텐(井泉 本店)'으로 1930년 창업하여 현재 영업 중입니다. 홈페이지에 '카츠산도 발상 가게'라고 소개되어 있습니다.

돈카츠 가게에서 파는 메뉴는 등심과 안심입니다. 각각 로스(ロース)와 히레(ヒレ)입니다. 로스는 영어 로스트(roast)에서 온 단어이고 히레는 필렛(fillet)에서 온 단어입니다. 외래어 기원이라 가타카나로 표기하는데 같은 발음이지만 히라가나로 쓴 히레(ひれ)는 생선의 지느러미입니다. 이자카야에서 파는 따끈한 히레자케(ひれ酒)는 돼지 안심을 넣은 사케가 아니라 말린 복어 지느러미를 넣은 사케입니다. 부드러운 식감의 히레, 육즙 풍부하고 고소한 로스, 둘 중 어떤 메뉴를 시킬지에 대한 고민을 저는 한 번도 안 해봤습니다. 둘 다 주문하니까요. 하지만 언젠간 그런 고민을 진지하게 하겠죠.

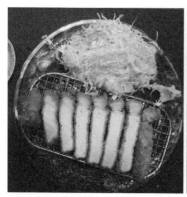

등심(로스)과 안심(히레)

쿠시카츠, 꼬치에 꿴 재료에 빵가루를 입혀 튀긴 일본만의 음식

빵가루를 입혀 튀긴 음식으로 돈카츠만큼 유명한 것은 쿠시카츠
(串カツ)입니다. 쿠시는 꼬치라고 야키토리편에서 설명하였습니다.
쿠시카츠는 꼬치튀김입니다. 지역에 따라 쿠시아게(串揚げ)라 부르
기도 합니다. 아게모노(揚げ物)가 튀김이니까요. 재료를 꼬치에 꿰어
구운 요리는 전 세계에 많습니다만 꼬치에 꿴 재료를 빵가루 입혀
튀긴 쿠시카츠는 다른 나라엔 없는 일본만의 음식입니다. 일본 어
디서든 쿠시카츠를 팔지만 특히 오사카는 쿠시카츠의 천국입니다.

오사카에서 쿠시카츠로 가장 유명한 곳은 '쿠시카츠다루마(串カツだ
るま)'입니다. 1929년 창업한 다루마의 주인장이 한입 크기의 소고기
를 꼬치에 꽂아 빵가루를 입혀 튀긴 것이 시초입니다. 1호점은 도톤
보리에서 약 2킬로 떨어진 신세카이(신세계) 본점이지만 한국 관광객
에게 가장 유명한 곳은 도톤보리점입니다. 도톤보리강을 따라 쭉 서
있는 캐릭터 확실한 간판들 사이에서 험상궂은 아저씨 간판이 유난

도톤보리 쿠시카츠다루마 간판, 옆의 초밥 손은 다른 가게

히 눈에 띕니다. '저러다 녹내장 생길 텐데.' 싶을 정도로 눈을 부릅뜬 쿠시카츠다루마의 마스코트 아저씨입니다. 특히 도톤보리점의 다루마 아저씨는 뜬금없이 오른손에 스시를 쥐고 있는 것처럼 보입니다만 스시 손 간판은 옆 건물의 겐로쿠즈시(元禄寿司) 간판으로 남의 손입니다. 겐로쿠즈시는 일본 최초의 회전초밥집 브랜드입니다.

1929년 최초로 판매한 쿠시카츠의 요리 재료는 소고기였습니다만 지금은 고기, 해산물, 야채 등 다양한 재료를 사용합니다. 몇 가지 재료의 일본어를 소개하겠습니다. 고기는 소, 돼지, 닭을 사용합니다.

소 우 (牛): 규(ぎゅう)

돼지 돈 (豚): 돈(とん), 부타(ぶた)

닭 계 (鶏): 니와토리(にわとり)

　우와 규, 발음이 비슷합니다. 일본 소라는 뜻의 와규(和牛), 고베 명물인데 너무 비싸서 평생 한 번만 사 먹는다는 고베규(神戸牛)의 규입니다. 어떤 미국 농구 선수의 아버지가 고베규(Kobe beef)를 너무 좋아해서 아들 이름을 코비 브라이언트(Kobe Bryant)로 지었다는 유명한 일화도 있습니다. 무책임한 아부지 같으니라고. 닭은 니와토리, 혹은 토리입니다. 야키토리에서 자세히 설명하였습니다. 돼지는 돈, 혹은 부타입니다. 일본식 돼지고기탕수육이 스부타(酢豚), 일본 삼겹살간장조림이 부타가쿠니(豚角煮)입니다. 소, 닭, 돼지 모두 한국과 같은 한자를 사용하므로 메뉴판에서 쉽게 고를 수 있습니다.

　메추리알은 우즈라노타마고(うずらの卵), 우즈라(うずら)는 메추리

메추리알 쿠시카츠 우즈라노타마고(うずらの卵)

입니다. 메추리 언급한 김에 영화 제목, 레스토랑 이름에 등장하는 새 이름 몇 가지 소개합니다. 함박스테이크로 유명한 레스토랑 츠바메그릴의 츠바메(つばめ)는 제비, 2006년 개봉한 핀란드 배경의 카모메식당의 카모메(かもめ)는 기러기입니다. 스즈메의 문단속 영화의 스즈메(すずめ)는 참새, 오리고기와 파가 들어간 뜨거운 가모난반 소바의 가모(かも)는 오리입니다.

뿌리채소도 쿠시카츠의 단골 식재료입니다. 우리말 한자 토란우(芋)를 일본에서는 '이모(いも)'라고 읽고 감자, 고구마, 토란 등의 뿌리채소를 총칭하는 말로 사용됩니다. "감자는 뿌리가 아니고 줄기인데 당신 미쳤어?" 맞습니다. 감자는 땅속줄기가 발달한 채소입니다만 이 책은 식물도감이 아니니 그냥 넘어가는 것으로.

❧

토란: 사토이모(里芋)

마: 나가이모(長芋) 혹은 야마이모(山芋)

고구마: 사츠마이모(さつま芋)

감자: 자가이모(ジャガ芋)

토란, 한국에서는 땅의 알이라는 한자어 그대로 토란으로 쓰고 일본에서는 마을 리(里)를 붙여 사토이모(里芋)라고 부릅니다. '토란, 사토'이모, 토 글자가 들어간다고 외우면 됩니다. 토란을 쿠시카츠

토란(土卵)은 땅의 알, 계란(鷄卵)은 닭의 알

의 재료로는 잘 사용하진 않습니다만 이모(芋) 식재료 소개하는 김
에 언급하였습니다. 마는 길어서 나가이모(長芋), 혹은 산(山)을 붙여
야마이모(山芋)입니다. 고구마와 감자는 외국에서 들어온 뿌리채소
인데 고구마는 사츠마번, 현재 규슈 남쪽 가고시마현을 통해 들어
온 식물이라 사츠마이모(さつま芋)라고 합니다. 감자는 네덜란드 상
인을 통해 자카르타에서 와서 자가이모(ジャガ芋)라고 앞의 조림 편

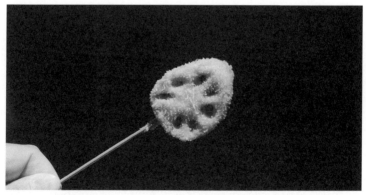

연근 쿠시카츠 렌콘(れんこん)

에서 설명하였습니다. 연근(蓮根)은 같은 한자를 쓰고 렌콘(れんこん)으로 읽습니다. 연근/렌콘, 발음이 비슷하여 외우기 편합니다.

일본에서 쿠시카츠를 먹을 땐 꼭 지켜야 할 주의 사항이 있습니다. 니도츠케금지(二度漬け禁止), '두 번 찍어 먹지 마세요'라는 주의 사항이 적혀 있습니다. 쿠시카츠를 소스 통의 공용 소스에 찍어 먹는데 한 입 베어 문 꼬치를 통에 또 담그면 안 된다는 것입니다. 영어로 더블 딥(double dip) 행위는 상식적으로 말이 안 되는데 웬 잔소리? 혐한인가요? 아닙니다. 의외로 많은 한국 사람이 실수하기 때문에 소스 통 뚜껑에도 그러지 말라고 적혀 있고 행여 실수할까 싶으면 어디선가 나타난 종업원이 그러지 말라고 제재합니다. "어머, 쟤 나 쳐다보고 있었던 거야?"라는 생각이 들 정도로 후다닥 뛰어오는 종업원은 내가 예뻐서 그런 게 아니니 먹다 말고 쑥스러워 손부채질 금지.

'소스의두번담그어거절'이라는 어색한 한국어가 적혀 있음

쿠시카츠 가게에서는 '소스 통의 소스에 튀김을 반복적으로 적시면 튀김의 기름이 소스에 배어 소스 맛이 풍부해질 것'이라는 생각에 소스 통을 테이블에 놓고 공유한다고 합니다만, 반찬을 공유하고 찍먹 탕수육의 소스를 같이 찍어 먹는 한국 사람들은 누구든 잠재적 실수 가능자들이라 신경 좀 써야 합니다. 다행히 많은 쿠시카츠 가게들이 코로나 이후 이런 전통 방식을 버리고 플라스틱 케첩 통에 담긴 소스를 찔끔찔끔 뿌려 먹는 방식으로 바뀌었다고 합니다.

니도츠케 금지와 같은 이유로 저는 탕수육 찍먹을 선호하지 않습니다. 찍먹 탕수육의 소스는 큰 대접 하나로 나오는데 일행 중 한 명이 더블 딥 실수를 반복적으로 저지르기 때문입니다. 잇자국 선명한 한 입 먹은 탕수육을 그대로 소스에 푹 찍거나 먹던 젓가락을 소스에 담그는 사람이 의외로 많습니다. 굳이 만드는 방법의 원조를 따지자면, 탕수육은 부먹도 찍먹도 아닌 볶먹입니다. 볶먹 탕수육을 공용 스푼으로 떠서 각자 접시에 덜어 먹는 것이 위생적입니다.

✳ 오코노미야키

오코노미(お好み)는 좋아하는 것, '취향'을 뜻합니다. 오코노미야키 (お好み焼き)는 취향대로 구워 주는 음식이라는 뜻으로 밀가루 반죽, 계 란에 야채/고기/해산물을 섞어 2, 3센티 두께로 굽는 한국의 파전, 빈대떡과 비슷한 음식입니다. 취향대로 재료를 선택할 수는 있지만 무한 리필 휘귀집처럼 오픈 냉장고에 진열해 놓은 각종 식재료를 투 명 바구니에 마음껏 담을 수 있는 것은 아닙니다. 야채는 주로 숙주 와 양배추, 고기는 얇게 썬 삼겹살, 해산물은 오징어, 새우가 기본 식 재료입니다. 오코노미야키가 처음 시작된 곳은 도쿄, 오코노미야키 로 유명한 곳은 히로시마와 오사카입니다. 히로시마와 오사카 모두 '내가 원조'라고 우기는데 정작 도쿄는 별말 없이 관망 중입니다. 일 본 최대 도시인 만큼 원조 음식들이 너무 많아 오코노미야키 정도는 원조 아닌 척 해도 될 겁니다. 어쨌건 오코노미야키 스타일은 두 가 지로, 재료를 차곡차곡 쌓으며 지지는 히로시마 방식과 재료를 빈대 떡같이 몽땅 반죽해서 부치는 오사카 스타일로 구분합니다.

재료를 정성껏 쌓으며 지지는 히로시마식 오코노미야키 만드는 과정은 다음과 같습니다.

1. 밀반죽을 얇게 구워 밀전병을 만들어 익힌다.

2. 숙주, 양배추를 밀전병 위에 얹어 지지다 고기/해산물을 쌓은 후 밀전병이 위로 올라오도록 뒤집어 마저 지진다.

3. 재료를 지지는 동안 철판에 중화면을 익힌다. 익힌 면을 가지런히 모아 쌓는다.

4. 계란프라이를 얇게 부쳐 여태까지의 재료를 얹은 후 밀전병이 아래로 가도록 다시 뒤집는다.

5. 오코노미야키 전용 소스와 파래 가루를 뿌려 완성.

위에서부터 소스-계란-중화면-고기(해산물)-야채-밀전병의 5층 구조로 된 히로시마식 오코노미야키가 완성되었습니다. 밀전병을 부친 후 2번 뒤집어 완성하는 데 걸리는 시간은 약 20분, '저걸 안 망치고 뒤집을 수 있나?' 싶은 조마조마함은 20분이라는 시간을 지루하지 않게 만드는 기분 좋은 긴장감입니다. 몇 번 보면 익숙해지겠지만 만드는 과정 자체가 재미있어 여러 명이 가도 테이블보다 철판 앞에 앉는 것을 추천합니다. 20분 동안 넋 놓고 구경만 하는 건 아닙니다. 토리아에즈 비루, 많은 손님이 맥잔잔 주문하고 히로시마 명물 우니호렌(ウニホーレン)을 주문합니다. 시금치를 버터에 볶아 우니를 올려 먹는 요리로 맥주 안주로 그만입니다. 시금치의 일본어는 호렌소(ホウレンソウ), 중국어 '파룽채'에서 온 단어입니다. 페르시아(파룽)에서 온 야채라는 뜻으로 파룽채의 채(菜)가 풀 초(草)로 바뀌어 파룽초에서 '호렌소'가 되었습니다.

히로시마 요리 우니호렌(ウニホーレン), 성게 토핑 시금치볶음

오사카식 오코노미야키는 재료를 한꺼번에 반죽하여 지집니다. 한국의 빈대떡과 만드는 방식이 유사합니다. 반죽에 참마를 갈아 넣어 부드러운 식감을 추구하는 것도 특징입니다. 히로시마식과 달리 중화면은 기본적으로 들어가지 않습니다만 면 추가 메뉴가 있습니다. 면은 어떻게 먹어도 맛있으니까요. 오사카식 오코노미야키에 면을 얹으면 '모단야키(モダン焼き)'입니다. 영어 '모던'에서 온 이름입니다. 기본 구성에 면이 포함되어 있는 히로시마 오코노미야키 메뉴엔 모단야키는 당연히 없습니다.

오코노미야키에서 밀반죽을 빼고 면과 재료를 소스에 볶으면 야키소바가 됩니다. 야키소바를 오코노미야키 재료로 만들 수 있고 엄청나게 큰 철판 그릴도 있으니 안 파는 게 이상할 정도입니다. 소바라는 이름이 붙어 있지만 메밀면이 아니라 오코노미야키 만들 때 쓰는 중화면을 사용합니다. 미리 삶아 기름 코팅이 되어 있는 완제품 면이라 철판에 굽다가 재료와 함께 볶기만 하면 됩니다.

오사카 서쪽 고베의 오코노미야키 가게에선 꼭 먹어봐야 할 특이한 메뉴가 있습니다. 소바메시(そばめし)입니다. 야키소바에 밥을 넣고 볶은 음식입니다. 바로 소바는 볶음밥과 어울리도록 잘게 토막 내어 조리됩니다. 면과 밥을 함께 먹게 되는 한국의 잡채밥 같은 특이한 음식입니다. 예전 고베 인근의 공장 노동자들이 도시락의 찬밥을 가게에 가지고 오면 주인장이 소바, 야채와 함께 볶아주었던 것이 소바메시의 기원입니다. 찬밥을 국에 말아 먹거나 찌개와 함께 먹는 문화가 아닌 일본에서 소바메시는 찬밥을 따뜻하고 배

재료를 섞어 지지는 오사카풍 오코노미야키

오코노미야키 가게의 야키소바

고베 명물 소바메시, 밥과 면을 함께 먹는 특이한 음식

부르게 먹는 매우 효율적인 방법이었습니다. 1987년 고3 때 문일고 앞의 찌개백반집이 생각납니다. 김치찌개, 부대찌개가 1천 원이었는데 도시락 찬밥을 가져가면 찌개만 500원에 팔아서 자주 사 먹었던 기억이 납니다. 그때 그 가게에서 맛있게 끓여 준 찌개를 너무 많이 먹어서 야간자율학습 시간에 졸다가 결국 재수했습니다.

오코노미야키의 원조는 도쿄입니다만 도쿄에선 몬자야키(もんじゃ焼き)에 맥잔잔 하는 것을 추천합니다. 몬자야키는 오코노미야키와 비슷한 음식으로 오코노미야키보다 훨씬 묽은, 거의 액체에 가까운 반죽과 재료를 철판에 지진 음식입니다. 반죽이 너무 묽어서 몬자야키를 오코노미야키 만들려다 물 조절에 실패하여 탄생한 음식이라고 오해할 수 있는데 그렇지 않습니다. 몬자야키는 도쿄의 독자적인 음식입니다.

오코노미야키와 달리 몬자야키는 뒤집지 않습니다. 묽은 반죽이므로 철판에 넓게 펴서 익히고, 적당히 익으면 작은 주걱으로 긁어 먹습니다. 만들어진 결과물을 보면 누구나 같은 것을 떠올릴 만큼 '그것'과 비슷하게 생겨 절대 먹음직스럽지 않습니다. 하지만 저는 몬자야키를 사랑하는 분들을 위해 절대 그 결과물이 무엇인지 이야기하지 않을 것입니다. 음식의 모양만 보면 세계에서 가장 먹음직스럽지 않은 음식 3위 안에 충분히 들어갈 정도지만 먹어보면 의외로 맛있습니다. 철판 위에서 마이야르 반응이 일어나 누룽지처럼 살짝 붙은 몬자야키를 긁어 먹는 재미는 보너스입니다. 도쿄 츠

액체에 가까운 몬자야키 반죽

완성된 몬자야키. 전혀 먹음직스럽지 않은 모습으로, 작은 주걱 모양 도구로 한입씩 긁어 먹는다

키시마에는 약 70곳의 몬자야키 가게가 모여 있는 몬자스트리트가 있습니다. 가게마다 맛과 가격이 비슷하므로 적당한 곳을 찾아가면 됩니다. 도쿄에선 오코노미야키 대신 몬자야키입니다.

✤ 만두

한중일 3국 모두 만두(饅頭)를 먹습니다. 만두(한), 만터우(중), 만주 (일) 모두 같은 한자를 씁니다만 발음도 다르고, 다른 음식들입니다. 한국의 만두는 만두소를 만두피로 감싼 음식입니다. 만두피가 찐빵 처럼 두꺼운 것도 만두, 얇은 것도 만두입니다. 만두피 종류와 상관 없이 조리법에 따라 군만두, 찐만두, 튀김만두, 물만두로 구별합니다. 중국에서는 만두피 종류에 따라 부르는 이름이 다릅니다. 냉동 만두처럼 얇은 피로 만든 것은 자오즈(餃子), 두껍고 폭신한 피로 만든 것은 바오즈(包子)입니다. 자오즈의 한자를 우리말 발음으로 읽으면 '교자'입니다. 우리가 아는 그 교자 맞습니다. 교자의 교는 만두 교(餃, 饺)입니다. 헷갈리기 쉬운데, 중국의 만터우는 만두소 없는 찐빵입니다. 일명 '앙꼬 없는 찐빵'이 만터우입니다. 중식당의 꽃빵, 조개빵도 만터우의 일종입니다. 꽃빵을 고추잡채 같은 요리와 함께 먹는 것처럼, 속에 아무것도 없는 만터우는 요리와 함께 먹는 밥 같

은 용도입니다. 한국 사람들이 중국 여행 중 출출할 때 길거리 노점에서 한자만 보고 "앗, 만두다."라며 만터우 다섯 개쯤 시키곤 하는데 한국 식당에서 반찬 없이 공깃밥 다섯 그릇만 딸랑 시키는 것과 같은 굉장히 맛없는 행동입니다.

한편 공식적으로 육식이 금지되었던 시절 중국에서 일본으로 건너온 일본의 만주는 속 재료가 고기 대신 단팥으로 바뀌면서 식사

얇은 피로 만든 자오즈, 두꺼운 피로 만든 바오즈

중국의 만터우, 만두소가 없어 요리와 함께 먹어야 함

보다는 과자 형태로 발달하였습니다. 일본의 만주는 화과자(和菓子)의 일종으로 팥이 들어 있는 폭신한 과자입니다. 천안 명물 호두과자도 일본 사람들에겐 만주입니다. 지역마다 그곳의 특산품 모양으로 만든 재미있고 다양한 형태의 만주를 구할 수 있습니다.

만주에 들어 있는 팥소(앙)는 팥의 갈림 정도에 따라 코시앙(こし餡)과 츠부앙(粒餡)으로 구분합니다. 팥을 알갱이(입자)가 씹히는 형태로 으깨어 넣으면 낱알 립(粒)을 써서 '츠부앙'이라고 하고 팥을 거름망에 넣고 주걱으로 빡빡 눌러 알갱이 없는 형태로 만들어 넣으면 '코시앙'이라고 합니다. 코시앙의 코시 한자는 우리말 한자엔 없는 어려운 글자라 생략, 각자의 연상법으로 외우십시오. 나고야의 오구라토스트에서 소개한 오구라앙은 다이나곤이라는 품종의 알갱이가 큰 팥을 팥소에 섞은 형태입니다.

1872년 일본의 육식금지령이 해제되면서 20세기가 되었습니다.

코시앙 팥소(왼쪽)와 츠부앙 팥소(오른쪽)의 차이

1920년대가 되어 고기가 들어간 푹신하고 두꺼운 찐만두를 만들어 팔기 시작했습니다. 기존의 팥 넣은 화과자 만주와 구별하여 만(まん)이라 했고, 돼지고기 소를 넣었으므로 부타만(豚まん), 니쿠만(肉まん) 혹은 주카만(中華まん)으로 불렀습니다. 세월이 흐르며 찐만두의 만두소가 다양해지면서 차슈를 넣은 차슈만, 피자를 넣은 피자만, 팥을 넣은 앙만 등이 생겼습니다. 한편 만두피가 얇은 귀 모양의 만두는 교자(餃子)라 불렀습니다. 우리말 교자와 한자와 발음이 같습니다. 일본에서 교자는 1945년 종전 후 보편화되었고 주로 야키교자(군만두) 형태가 일반적입니다. 정리하면 다음과 같습니다.

한국 -- 만두(饅頭) : 만두피 두께 구별 없이 만두

중국 -- 만터우(馒头) : 만두소 없는 찐빵

　　　 자오즈(饺子) : 얇은 피 만두

　　　 바오즈(包子) : 두껍고 푹신한 만두

일본 -- 만주(饅頭) : 팥소 넣은 화과자

　　　 부타만(豚まん) : 고기 넣은 두꺼운 만두

　　　 교자(餃子) : 얇은 피 만두

일본 차이나타운에 가면 특이한 형태의 만두를 팝니다. 젓가락으로 만두피를 찢어 육즙을 먼저 마셔야 입천장이 데지 않는 상하이에서 온 찐만두 샤오롱바오(小籠包, 소롱포)입니다. 작은(소) 바구니

다양한 형태의 두꺼운 찐만두, 만(まん)

주로 한 면만 굽는 야키교자(焼餃子)

숟가락 크기의 소롱포와 손바닥 크기의 대롱포

(롱)에 찐 만두라고 1장 무시모노 편에서 설명하였습니다. 소'롱'표 아니고 소'롱'포입니다. 소롱포가 있는 가게에선 대롱포도 팝니다. 타이슨 주먹만 하게 만들어 젓가락 대신 빨대로 육즙을 빨아 먹고 숟가락으로 만두를 잘라서 먹습니다.

귀 모양으로 만두를 만들지 않고 위가 뚫려 있어 만두소를 볼 수 있는 형태로 먹음직스럽게 빚는 요코하마 명물 시우마이(燒賣)도 있습니다. 열차 도시락으로도 파는데 JR 요코하마역에 가면 1928년

JR 요코하마역의 기요켄(崎陽軒)과 다양한 시우마이 도시락

부터 기요켄이라는 가게에서 팔기 시작한 시우마이 도시락을 사러 사람들이 줄을 섭니다. 식어도 맛있는 시우마이를 연구 개발한 결과라고 합니다. '시우마이 도시락? 만두를 밥에?' 일본 사람들은 교자 등의 만두를 밥과 함께 반찬으로 먹는 것을 전혀 어색해하지 않다고 합니다.

교자 중에서 가장 유명한 형태는 후쿠오카의 히토구치교자(一口餃子)입니다. 히토구치, 한입이라는 뜻으로 새끼손가락 두 마디 크기의 작은 교자 형태입니다. 씹는다기보다 알약처럼 삼키는 게 어울릴 정도도 작습니다. 전후 만주에서 건너와 1949년 창업한 후쿠오카의 호운테이(宝雲亭) 주인장이 만주에서 먹던 물만두를 물만두로도 팔고 야키교자로도 팔았습니다. 물만두용 만두는 붙지 않도록 작은 크기로 빚는데 같은 크기의 야키교자를 판 것이 히토구치교자의 기원입니다. 후쿠오카에는 히토구치교자를 파는 곳이 많은데 대부분 찐만두와 군만두 두 종류를 같이 팝니다. 히토구치교자는 맥주 도둑입니다. 나쁜 도둑이므로 50개 이상 먹어서 응징해야 합니다.

후쿠오카의 히토구치교자, 찐만두(燒き餃子)와 군만두(水餃子)

한 권을 내면 저자, 두 권 이상부터 작가

저자(著者)와 작가(作家)의 차이는? 작품을 만드는 행위, 즉 창작의 의미를 강조하면 작가, 글을 써서 결과물을 완성하는 행위를 강조하면 저자일 것입니다. 사실 글밥 영역에서 저자와 작가를 명확히 구별하긴 어렵습니다. "허영렬 선생님은 로봇 청소기 사용 설명서를 20년 동안 10권 쓴 작가입니다."라는 표현도 좀 어색하고 30년 동안 아내에게 매주 감사 편지를 쓴 이언강 선생님을 저자라 부르는 것도 어색하지만, 짜깁기가 아닌 자기만의 언어로 글을 써서 책을 출간한 글쓴이에겐 '자기만의 언어'가 있어 작가의 호칭도 맞고 책이라는 결과물을 만들었기 때문에 저자라는 타이틀도 맞습니다.

사람들은 비슷한 A와 B의 차이를 자기만의 기준으로 구별하길 좋아합니다. 카스와 하이트, 참이슬과 처음처럼을 미각으로 구별할 수 있는 객관적 방법은 존재할 수 없음에도 각자의 주관적 느낌으로 구별하며 마시는 것처럼, 저는 저자와 작가의 차이를 "한 권 쓰면 저자, 두 권 쓰면 작가"라고 주관적으로 구분하며 지냈습니다. 별 뜻은 없었습니다. 저자보다 작가라는 단어의 뉘앙스가 더 좋아서였고, 배 작가가 배 저자보다 발음하기 쉬워서 작가가 되려고 했습니다. "당신 잘 알지도 못하면서 무슨 작가/저자 타령이야?"라고 타박하진 말아 주십시오. 굳이 한자의 기원을 따지자면 저자는 아주 오래전 중국에서 들어온 한자어고 작가는 개화기 일본에서 들어온 한자어이므로 개인의 단어에 대한 뉘앙스의 주관적 느낌의 차이가 전혀 틀린 말은 아니긴 합니다.

2018년 대한민국 출판계에 신선한 바람을 일으켰던 화제의 책, 《독일에 맥주 마시러 가자》를 써서 저자가 되었습니다. 물론 신선한 바람은 저만 느끼긴 했습니다. 저자가 된 이후 빨리 한 권 더 쓰고 싶었습니다만 책 한 권 쓰는 게 막상 해 보면 쓱싹쓱싹 뚝딱뚝딱 쉬운 일은 아닙니다. 구상만 하며 지내다 6년이 흘렀습니다. 이대로 세월을 흘려보낼 수 없다고 각성하던 차에 2024년 2월 중순쯤 반가운 메일을 받았습니다. 발신인은 저와 첫 책 작업을 함께 했던 편집자 한윤지 양, 설마 돈 빌려달라고 메일 보내진 않았을 것이고 열어보니 코로나 전 쓰려고 했다 게을러서 접었던 일본 여행책 출판 제안 메일이었습니다. 컴퓨터 메일을 열어봤을 뿐인데 "덥석" 소리가 들렸습니다. 덥석은 의태어지만 의태어도 소리가 날 때도 있습니다. 전업 작가가 아니기 때문에 글에 대한 압박감이 없는 상태에서 누군가 출판을 제안해 주니 샤워 마친 후 맥주 마시는 기분으로 시원하고 짜릿하게 계약하고 틈틈이 글을 썼습니다.

보통 A4 용지 100장이 책 한 권 분량이니 하루 한 장씩 쓰면 3개월이면 쓸 수 있다고 생각했습니다. 결과는 불 보듯 뻔하죠. 웬걸, 3개월이 지났을 때 100장은커녕 20장도 쓰지 못했습니다. 3개월

만에 탈고한다는 계획은 매일 점프력을 1센티미터씩 올려서 3개월 후 옥수수를 넘겠다는 계획, 하루 100그램씩 살을 빼서 3개월 동안 10킬로 감량한다는 계획처럼 어렵다는 걸 인지하지 못했던 무모한 계획이었습니다. 정신을 가다듬었지만 이미 탈고하기로 약속한 8월 말, 반도 못 쓴 채 마감일이 지나버렸습니다. 안 되겠다 싶어 9월부터 학력고사 재수생 모드를 장착하고 집필에 집중하였습니다. 외과 의사로서의 본업, 작가가 되기 위한 글쓰기 이외에 아무것도 하지 않는다는 생각으로 살다 보니 12월 말 드디어 탈고했습니다. 참고로 재수생 모드와 고3 모드의 차이는 술을 먹느냐 안 먹느냐의 차이입니다. 거 참, 쓸데없는 셀프 분류법 많이 가지고 있네요.

2025년 1월 2일 아들 배건희 군이 제대했습니다. 눈 마주치면 우는 거 들킬까 봐 일부러 안 돌아보며 덤덤한 척 보냈던 그를 18개월 동안 기다렸습니다. 제대 2, 3주 전부턴 설렜습니다. 에필로그를 쓰고 있는 오늘부터 2, 3주 후면 책이 세상에 나오겠지요. 아들의 제대를 기다리는 설렘과 동일한 설렘을 느끼는 중입니다. 제 책을 손에 쥐는 순간도 복무를 마친 아들이 부대 정문에서 나왔던 1월 2일 아침 9시에 느꼈던 감정과 동일할 것입니다. 몇 주 후부터 저는 작가입니다. 닥터 배로 수십 년 살아왔으니 이젠 배 작가로도 살고 싶어집니다.

용기와 영감

　세상에 감사한 분들이 많습니다만 특히 고마운 작가 두 분이 계십니다. 한 분은 제게 용기를, 또 한 분은 영감을 주는 분입니다. 집에 락앤락 용기 많은데도 꾸준히 새로운 용기를 주시는 분은 전여옥 작가님입니다. 매체에서의 강한 이미지와 전혀 달리 실제로는 뵈면 술과 음식을 사랑하는 유쾌하고 정 많은 이웃 누님입니다. "SJ는 무한한 가능성이 있어요. 언젠간 하고 싶은 대로 이루며 살 거예요."라며 늘 응원해 주시고 SJ가 쓴 책이면 무조건 재미있을 것이라며 독려해 주시는 감사한 누님입니다. 지금은 여차저차 맥주 50밀리리터 정도 드시지만 언젠가 저와 맥주 한 잔 누가 빨리 원샷 하는지 내기할 수 있는 날이 오면 좋겠습니다.

　영감을 주는 분은 김정운 작가님입니다. 작가님과 저 둘 다 미녀를 좋아하는데 왜 자꾸 영감을 주시는지 모르겠습니다. 제가 추구하는 메뉴판 읽는 법은 단순히 메뉴판만 해석하는 것이 아니라 어원, 역사, 문화를 공부하는 저만의 핑계와 명분인데 그걸 김정운 작가님은 본인의 신조어 에디톨로지에 대입시켜 정리되지 않았던 제 생각에 인문학적 정의를 내려 주신 분입니다. 그와 요코하마에 같이 간 적이 있습니다. 나폴리탄 스파게티를 주문하고 기다리는데 갑자기 냅킨을 꺼내어 본인의 만년필로 쓱싹쓱싹 가로세로 줄을 긋고 글자를 적더니 제게 보여 주셨습니다. "메뉴판 해석학-일본 편",

책 제목을 어떻게 할지 주절주절 고민했는데 완벽한 제목을 정해 주셨습니다. 두 분 모두 지면을 통해 감사의 인사를 올립니다.

이번 책에 쓰려다 남긴 일본 술 챕터는 '메뉴판 해석학-일본 술 편', 제 몸의 20킬로그램을 구성하고 있는 중화요리는 '메뉴판 해석학-중화요리 편'으로 다시 찾아오겠습니다. coming soon, I'll be back, I'm 낭닥SJ.

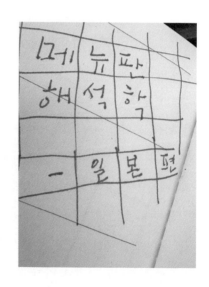